「くらし」の時代

ファッションからライフスタイルへ

米澤泉
Izumi Yonezawa

keiso shobo

はしがき

人々がモノを買わなくなった。消費を嫌悪している。モノ消費よりコト消費。そのように言われて久しい。確かに、次々と閉鎖される百貨店に対して、入場者が増え続けるテーマパークや近年のハロウィンの異常なまでの盛り上がりからは、そういった傾向が見て取れる。加えて、人々のファッションへの関心が低下していると言われている。そもそも現在は流行そのものが消失し、「流行を追わないことが流行」になっており、「戦後のストリートファッション史上初めて『新しいファッション』が登場しない」（渡辺 2016）という「新しい」状況になっているのである。

そんな中で、「エアクローゼット」というサービスが人気を集めている。好みを入力すればスタイリストのおすすめの服が三着、定期的に届くというレンタルサービスだ。服を選ぶ時間がない、コーディネートを考えたくない、お金もかけたくない、できれば所有もしたくないという現代人にぴったりのシステムである。

ファッションにこだわり、着ることで個性を表現していた時代は遠くなったと言うべきだろう。どれを選んでもたいして変わらないファストファッションが蔓延し、ユニクロに代表されるような手頃な価格の万人向けカジュアルウェアがファッション誌で特集される時代である。服に法外なお金をかけることはファッショナブルではないのだ。たかが服である。「エアクローゼット」があればそれで十分だ。

では、何がファッションに取って代わったのだろうか。人々は服の代わりに何に時間やコストをかけているのだろうか。それは服以外のあらゆるものではないか。衣食住の「衣」以外のものがかつてのファッションの位置を占めるようになったのではなかろうか。評判のパン屋さんで調達してきたパンや取り寄せたオーガニックな野菜を食卓に並べ、時間をかけて朝食を楽しむ。お気に入りのウェアやスニーカーを身に付けてランニングをする。ホテルのような設備を備えた施設でグラマラスなキャンプをする。あるいは、都会にいながらにして自然を感じつつパーティーに興じる。ブックカフェでコーヒーを飲みながら本のある空間を味わう。このように、人々は日常の生活を楽しむこと、「ていねいなくらし」をすることに夢中になっているのである。

それはどうしてなのだろうか。人々はなぜ、「着る」ことに対する情熱を失い、「食べる」ことや「くらす」ことに価値を見出し始めたのだろうか。本書は、ファッション以外のものがファッション化した時代を見つめ、なぜ人々がファッションよりもライフスタイルを重視するようになったのか、「くらし」にことさらこだわるようになったのかを明らかにする。

序章では、まず個性的なDCブランドの時代を経て、ファストファッションが主流となっていく過程を追う。そして、ユニクロが国民的な人気ブランド「Jファッション」として海外でも高く評価され、ファッション誌の主役に躍り出るまでの経緯とともに、「ユニクロでよくない？」というファッションの現状を提示する。

第一章では、三〇代主婦向けファッション誌『VERY』に二〇一一年から登場するようになった「ミセスオーガニックさん」という理想の読者像を通して、「オーガニック」ブームを見ていく。また、その流れを後押ししたエコロジー意識の高まりと、初の環境ファッションマガジンを謳って創刊された『ソトコト』に端を発するロハスブームに目を向ける。一九九〇年代半ばから現在に至るまでの消費に欠かせないキーワードとなったオーガニック、エコ（ロジー）、ロハス、フェアトレード等を通して、エシカル（倫理的に正しい）なファッションがなぜ流行するようになったのか。人々が現在のファッション消費に求めているものは何かを考察する。

第二章では、ファッション誌におけるスニーカーブームやランニングブーム、走ることに対する意識の変化、また近年関心が高まっているグランピング（グラマラス・キャンプ）を示し、「WELLNESS is NEW LUXURY」が掲げられる時代について考える。ヘルシー（健康的であること）が、なぜこれほど価値を持つようになったのか、ファッションにおけるヘルシーな流行を取り上げることで、その根底にあるものを浮き彫りにする。

第三章では、近年目立つようになったブックカフェを中心に本をめぐる新たな文化を考える。「イベントが開催される本屋さん」「泊まれる本屋さん」といった個性的な書店が増加しているのはなぜか。「本を売るのだけではない」蔦屋書店は従来の書店とどのように異なり、なぜ流行に敏感な人々が集うスポットとなったのか。「本と暮らす」をテーマにした無印良品のMUJI BOOKSをはじめとして、都市に広がりつつある「本のある空間」に人々は何を求めているのだろうか。その場に溶け込む「家具の書籍」を通して、現在の「本」がどのように消費されているのかを分析する。

第四章では、一九七〇年代、一九八〇年代とファッション誌によって時代を牽引していたマガジンハウスが九〇年代以降、『カーサブルータス』『クウネル』『&プレミアム』といったライフスタイル誌を中心に据えるようになったことについて考察する。とりわけ、「建築とファッション」に重きを置いていた『カーサブルータス』が、「パンや野菜の楽しみ」に代表されるような「くらし」を中心テーマとして扱うようになったのはなぜなのか。その「くらし」は『暮しの手帖』の「暮し」とどう違うのか。なぜ、元『暮しの手帖』編集長である松浦弥太郎が提唱する「ていねいなくらし」は多くの人々に受け入れられているのか。人々がファッションからライフスタイルを消費するようになった背景を考える。

終章では、第一章から四章までの事例をもとに「装う」時代から「くらし」の時代への移り変わりを総括する。次々と流行を追いかける虚栄に満ちたファッション消費から、一見豊かで上質な

「くらし」の消費へ。そこでは、物欲のおもむくままに行われる「意味のない」消費は推奨されない。エシカル、ヘルシー、インテリジェントに適っているかどうか。「ていねいなくらし」に沿った消費かどうか。これらは現在の消費を正当化する理由として機能している。高感度消費、豊かで上質な本物の消費という名のもとに結果的に、人々が同じものを求め、手に入れるようになったとしても仕方あるまい。きわめて表層的な「ていねいなくらし」こそ、現在の私たちに求められているライフスタイルというファッションなのだから。本書は、「くらし」の時代とは、人々をエシカルな、「正しい」消費に導く時代であることを明らかにすると同時に、そのような時代における服を着ることの意味を考えるものである。

「くらし」の時代
ファッションからライフスタイルへ／目　次

索引

序　章　Jファッションの登場
――「ユニクロでよくない？」

1　Jファッションとは何か

ファッション以外のものの、ファッション化について

もはやファッションにこだわり、着ることで「私らしさ」を表現していた時代は遠くなった。ファストファッション[1]が蔓延し、ユニクロに代表されるような手頃な価格の万人向けカジュアルウェアがあらゆるファッション誌で特集される時代である。服に法外なコストをかけることはファッショナブルではない。奇抜な服を着て目立つことは恥ずかしい。『おしゃれはほどほどでいい』（野

宮 2017)。たかが服ではないか。「ユニクロでよくない?」(『andGIRL』二〇一五年一一月号)という気分がファッション誌を覆いつくしている。

そういうわけで今は、毎日服装をとっかえひっかえする人よりも、毎日同じ服を着る人のほうが、どうもおしゃれ、かっこいい、カリスマだと思われている時代のようです。言い換えると、物を買わない人のほうが、しばしばおしゃれでかっこいいと思われる時代なのです。(三浦 2016: 26)

もう、おしゃれに時間や労力を割く時代ではない。あまった時間やお金をほかのことに有効に使う方がいい。では、何に使うのか。着ることに対するこだわりの代わりに人々が求めているものは何だろうか。何がファッションに取って代わったのだろうか。それは服以外のあらゆるものではないだろうか。すなわち、衣食住の「衣」以外のものがファッションになったのである。例えば、野菜、家電、本、家具。それらはかつて、八百屋、電気屋、本屋、家具屋といった名の店でそれぞれ別個のものとして売られていた。せいぜいが、スーパー、家電量販店、大型書店、インテリアショップといった店舗でそれぞれが別々に置かれていた。だが、現在はそれらが混在し、ライフスタイルショップなどという名が与えられ、かつてファッションビルと呼ばれた、洋服が占拠していた空間を侵食しているのだ。『物欲なき世界』(二〇一五年)の著者である菅付雅信が言うように、現在は「ファッションへのこだわりが食や雑貨に向けられる時代」（菅付 2015: 21）なのである。

野菜がファッショナブル？　本当だろうか。だが、今や野菜の銘柄や産地に詳しいことの方が、洋服のブランドやデザイナーに詳しいことよりも評価されるのではないか。服の良し悪しがわかることよりも、野菜の良し悪しをきちんと判別できることの方が尊敬に値するのではないか。だから、「野菜ソムリエ」(2)の資格を取ることは服を着こなす以上にファッショナブルであると思われるようになった。著名なタレントやモデルが「野菜ソムリエ」の資格を持っていることを誇示するようになって久しい。

有機栽培で丁寧に作られた高級な野菜を吟味して買うことは推奨されるが、デザイナー（クチュリエ）によって丁寧に作られた高級な洋服を吟味して買うことは推奨されない。桁が違うからだろうか。野菜はどんなに高価でも、たかがしれているが、洋服の価格は天井知らずである。現代において浪費ほど嫌われるものはない。すでに「世界の主要都市を見ても、装飾的でファンシーなラグジュアリーが終焉しているというか、人々がそうしたものに疲弊している」（菅付 2015: 28）。それに、体の外側を飾るものはそもそも体の内側を作るものに太刀打ちできない。健康と栄養の前には、虚栄と浪費は消え去るしかないのである。

健康な身体を作ることが第一義のこの時代に、例外的に大枚をはたくのが許されるのは、家電ではないだろうか。スタイリッシュで誰もが憧れるファッショナブルな家電。掃除機や扇風機やドライヤー。ダイソンはそれを可能にした。

掃除機がファッショナブル？　いや、掃除機こそファッショナブルなのである。高級《ハイ》ブランドのバッグに憧れるように、高級《ハイ》ブランドの掃除機が垂涎の的となる。ダイソンの掃除機がここまで支持されるのは、決してその吸引力のせいだけではないだろう。それはエルメスのバッグが丈夫で長持ちするから支持されると言っているのに等しい。ここでの機能性は、ブランドという記号の付録にすぎない。

だから、ダイソンは二〇一五年、青山は表参道の一等地に旗艦店をオープンした。まるで、高級《ハイ》ブランドのブティックのような店舗を、しかも世界に先駆けてである。そこには、最新の「オシャレ」な掃除機や扇風機やドライヤーが恭しく誇らしげにディスプレイされている。二〇一五年に鳴り物入りで二子玉川にオープンした蔦屋家電もしかりである。家電を扱いながらも従来の家電量販店とは異なるスタイリッシュな売り場展開が注目を集めている。

服以上にファッショナブルな野菜や、服以上にファッショナブルな家電。この流れをいち早くつかみ取っているのが、当然のことながらファッション誌である。ファッション誌はもはやファッションが以前のように主要コンテンツではないことをとっくに自覚している。そのことにいち早く気づいたのは、『an・an』『POPEYE』『Olive』といったファッション誌で一時代を築き上げたマガジンハウスだった。

マガジンハウスは、バブル崩壊後の一九九八年に雑誌『ブルータス』の増刊号として『カーサブルータス』を誕生させる。カーサ＝家というタイトルにもあらわれているように、それは作品としての家をコンセプトに建築、デザイン、インテリア、アート、食、旅などを扱う雑誌であった。(3) さらに、二〇〇〇年代に入ると、『an・an』増刊号として『クウネル』という雑誌を創刊する。『クウネル』のキャッチフレーズは「ストーリーのあるモノと暮らしを考える雑誌」であった。『カーサブルータス』でも推し進められていたライフスタイル路線が、ここでは「暮らし」としていっそう強調され、カタログ雑誌的な記号的消費に終止符を打つかのように、敢えてファッションを排除するような姿勢が見て取れる。まさに誌名の『クウネル』＝「喰う寝る」が示すように、これからは「衣食住」の食（喰う）と住（寝る）こそが重要なのだという予言にすら思える。このように、二一世紀に入る頃から、ファッションのマガジンハウスがファッション（着ること）に距離を置いた雑誌を世に送り出したのであった。

それから、一〇年以上の時を経て、世の中はすっかり『クウネル』のご託宣通りになったのではないだろうか。人々は、着ることよりも、喰うこと・寝ること（くらし）にすっかり夢中になっているように思われる。なぜ、このような事態になったのか。なぜ衣は食住に駆逐されてしまったのだろうか。

その答えを探るために、まずはなぜ「毎日同じ服を着るのがおしゃれな時代」になったのか、なぜファッションの時代が終わったのかを改めて考えることにしよう。

衰退するファッション

なぜ、ファッションに勢いがなくなったのだろうか。もちろん、それは経済的な要因を抜きに論じることはできない問題である。一九九〇年代初めのバブル崩壊と先行きの見えない時代の到来、それに続く失われた一〇年、長期にわたる不景気がデフレーションを引き起こした。街には低価格でありながら、そこそこのクオリティを保った商品が溢れるようになる。九〇年代におけるユニクロや一〇〇円ショップの台頭が、ファッションに大枚をはたく時代を終わらせる契機となったのは否めないだろう。

しかし、それだけではアヴァンギャルドなDC（デザイナーズ&キャラクターズ）ブランドやラグジュアリーなインポートブランドに嬉々として袖を通していた人々までが、カジュアルで万人に開かれたユニクロを着るようになった理由を完全には説明できない。そこには、やはり経済的な要因以外のものが存在するのではないか。一つは、一九八〇年代後半のDCブランドブームの終息に代表されるように、個性的なファッションで自己表現することへの行き詰まりである。[4]

一九七〇年代のマンションメーカーに端を発するDCブランドは、個性的なデザインとメッセージ性に富んだ服で八〇年代の前半に一世を風靡していた。

何よりDCブランドが全盛だった前半は、お洒落することに生きがいを感じることができる雰囲気があった。たった半年で消える最先端のデザインを誰より早く着て街を歩く。そういうファ

ッションフリークがたくさんいたのだ。(谷川 2016: 201)

「お洒落をすることに生きがいを感じる」とはすなわちファッションで自己表現する、上野千鶴子の言葉で言うならばファッションという手段で「私探しゲーム」(上野 1992) に興じることであろう。少数精鋭をモットーとしたＤＣブランドは、着ることによる差異化に拍車をかけた。コム・デ・ギャルソンやヨウジヤマモトによる「東からの衝撃」(5)。西欧のファッションシステムを揺さぶり、「黒、破壊、アシンメトリー、貧乏主義」(南谷 2004: 9) など既成概念を壊す服が次々とあらわれたのがこの時代であり、「また八〇年代ファッションは、その高いクオリティと多様性において、あらゆるアイテムが出尽くした時代であった」(谷川 2016: 200) のだ。

しかし、一時代を築いたＤＣブランドも、コピー商品が出回り、その希少性が失われてしまうと、失速するようになる。また、次から次へと見たことのない新たなデザインを追い求めるゆえに、「紙のジャケット」をはじめとする着ることのできない服、日常生活には適さない服が増え、機能性からはますますかけ離れるようになっていく。極限まで行き着いた時に人々が次に希求したのは、究極の普通であった。揺り戻し現象が起こったのだ。

一九八〇年代も終わりに近づくと、人々は一転して、シンプルな普通の服を求めるようになっていく。今度は、ラルフローレンや、アニエスｂが流行の中心に躍り出る。従来からあるようなダンガリーシャツや紺のブレザー、ボーダーTシャツが逆に新鮮さを持って受け止められるようになった。(6)背景には、着る物よりも着る者が重視されるようになったことが挙げられる。奇抜な服で自己表現するよりも、自らの身体を自己プロデュースすることに心血が注がれるようになっていく。ガングロ、茶髪、目力、細眉。身体にまつわる流行語が巷間をにぎわすようになり、身体への関心が異常に高まる「コスメの時代」(7)がやってくる。

一方で、それと反比例するかのように、衣服は奇をてらわず、シンプルに、普通になっていく。奇抜さや過剰性へのアンチテーゼであるかのように、人々が究極の普通の服を求める時代に突入していくのだ。

究極の普通を意味するノームコア（ノーマルとコアからなる造語）がファッションのキーワードとして浮上したのは二〇一〇年代になってからだが、その萌芽は、一九九〇年代の前半にあったと言えるだろう。

もう一つは、言わずと知れたファストファッションの台頭である。一九八〇年代にはファストファッションなるものは、まだ存在しなかった。手頃な価格で流行の服が楽しめるファストファッションが、日本に登場するのは一九九〇年代である。一九八〇年代は流行の服とそうでない服の格差は歴然としていた。DCブランドに代表される最先端の服と、スーパーで売られているような流行とは無縁の服。極端に言えば、その二つしかなかった。おしゃれな服とは高価な服とほぼ同義であり、古着は別として、新しい流行の服を手に入れるには、多大なコストがかかったのである。つまり、ファッションコンシャスであろうとするならば、服にお金をかけざるを得ない。それは、一〇代の少女でも同じであった。一九八〇年代の「オリーブ少女」は、二万円以上するセーターを本気で欲しがったのである。ミルクのニットも、アツキオオニシのプリントブラウスもパーソンズのジャンパーもそれはそれは高価な代物であった(8)。だが、人々は、「お洒落をすることに生きがいを感じる」ために、個性的であるために、大枚をはたいたのである。

しかし、一九九〇年代半ばに登場したファストファッションはその価値観を覆した。お金をかけなくてもおしゃれはできる。流行の服が買える。ファストフードのように瞬く間に世界に広がったファストファッションは、自ら製品を企画し、自社製品として委託生産させ、自らのチェーン店で販売する製造小売業(SPA: specialty store retailer of private label apparel)という形態により、パリコレなどで発表された流行の服(のコピー)を、コストを抑えてすぐさま流通させることを可能にした。「早くて、安い」——これは、まさにマクドナルドのハンバーガーと同じであるということで「マックファッション」、二〇〇〇年代に入るとファストファッションと呼ばれるようになった。(Cline 2012＝2013)アメリカのGAPやフォーエバー21、スペインのZARA、そしてスウェーデンのH&M。日本のユニクロやGU、しまむらやコムサイズム、無印良品なども立派なファストファッションブランドと言えるだろう。

「早くて、安い」ファストファッションがもたらしたものは、なんと言ってもファッションの民主化である。コストをかけなくても、流行の服が手に入る。もちろんファッションコンシャスな人々にとっては願ってもない喜びであろう。好きなだけ流行の服が買えるのだから。しかしそれ以上に、ファッションに興味がない人々にとってもそれは福音となったのだ。ファッションコンシャスではなくても、ユニクロやGUに行けば、それなりに「流行」のファッションを着ているように見える、おしゃれしているように見えるということである。それは、普通であることを礼賛するシンプルな服の流行とも相まって、日本のファッション全体の底上げにもつながっていった。しかし、ファッションの民主化は一方で次のような問題ももたらしたのだ。(9)

新ブランドが続々登場し、発掘する楽しみもあった八〇年代。日本のファッショニスタ(10)にとってあんな楽しい時代はもう二度と来ない気がする。多くのデザイナーが九〇年代を迎えて消えていったし、ヨーロッパブランドのプレタポルテはいまでは信じられないほど高価になって、ふつうの人がちょっとがんばったぐらいでは手に入らなくなってしまっている。何より、多くのメゾンのデザイナーが過去の焼き直しをカスタマイズしたストリートファッションの影響を受けて服を作るようになってしまって、追いかける意義を感じさせてもらえない。（谷川 2016: 201）

そう、それは、ファッショニスタにとっては受難の時代の始まりでもあったのだ。

そして、Jファッションは誕生した

一九八〇年代から一九九〇年代にかけてのファッションにおけるこの状況は何かを彷彿とさせないだろうか。八〇年代には一部の先鋭的なものとそうでないものの落差が激しく、全体的な底上げがまだ行われていなかった。しかし、九〇年代に入ると状況は一変する。

それは音楽、ポップ・ミュージックの世界である。一九八〇年代の音楽的状況は次のようなものではなかっただろうか。先鋭的な人々は、洋楽や、海外発の最新の流行を取り入れた「日本のニューウェーブ」などと呼ばれるポップ・ミュージックを享受している。しかし「ポップ・ミュージック」でありながら、その他大勢の人々はその曲をあまり知らない。あるいはたいして関心を持っていない。彼らが主に関心を持つのはテレビの歌番組に登場するドメスティックな歌手であり、ヒットチャートにはアイドルが歌う歌謡曲が並んでいるという状況である。だが、一九九〇年代になると、そのような状況は一変し、「その他大勢」の人々が、「Ｊポップ」と呼ばれる日本の音楽を楽しむようになるのである。

そもそも「Ｊポップ」はいつ頃誕生したのだろうか。烏賀陽弘道の『Ｊポップとは何か――巨大化する音楽産業』（二〇〇五年）によれば、「Ｊポップ」という言葉は、一九八八年に開局したJ-WAVEという洋楽専門のラジオ局が日本の音楽を流すにあたって苦肉の策として生み出した言葉だと言われている。

……七〇年代、八〇年代の「ニッポンの音楽」は、「Ｊポップ」とは呼ばれていませんでした。

この言葉が生まれたのは、一九八八年の十月以降だと言われています。つまり、それ以前の日本のポップ・ミュージックは、まだJポップではなかったということです。九〇年代以降、日本のポップ・ミュージックを指す言葉として「Jポップ」が蔓延してゆき、このキーワードに包含される音楽がどんどん広がっていって、やがて日本のポップスを覆いつくすことになります。（佐々木 2014: 134）

「Jポップ」という言葉が誕生したからといって、すぐに音楽産業が巨大化し、数百万枚のCDセールスを誇るような巨大市場が生み出されたのではなかった。まずは「Jポップ」という言葉が広がっていく土壌が必要だった。後に「J」現象などと呼ばれるように、一九八〇年代後半から九〇年代前半にかけては、音楽の世界における「Jポップ」だけでなく、それまでは漢字で表記されていたさまざまな組織名称を「J〇〇」に変更する動きが起こっていた。JR（国鉄　一九八七年）やJT（日本たばこ産業　一九八五年）、JRA（日本中央競馬会　一九八八年）、JA（農協　一九九二年）などである。あのJリーグもその流れを受けて、一九九三年に開幕したのだ。

「J」現象の決定打になったのは、なんと言っても一九九三年五月に開幕した「Jリーグ」だと思われます。Jリーグのスタートによって、日本ではサッカーの一大ブームが巻き起こりました。これによって「J」という言葉があちこちで頻繁に用いられるようになり、その波に乗って、誕生から四年ほどが過ぎていた「Ｊポップ」という言葉も、日本全国あまねく流通するようになったのではないかと思われます。（佐々木 2014: 138）

このように、J-WAVEによって作られ、Ｊリーグのお蔭で拡散された「Ｊポップ」であるが、日本語に直せば、「日本の大衆音楽」のことである。「Ｊ」現象のせいとはいえ、なぜこの時期に「日本の大衆音楽」をわざわざ「Ｊポップ」と言い換えなければならなかったのだろうか。浅田彰は「Ｊポップ」に代表される一連の動きを「Ｊ回帰」と呼び、不況に喘ぐ日本で発生した、世界資本主義への反発と固有文化への自閉的な回帰現象（浅田 2000: 58–59）であると捉えている。「Ｊポップ」誕生以前と以後の音楽状況を通覧した佐々木敦も、「Ｊポップ」という言い換えの裏には次のような文化的背景が存在すると指摘している（佐々木 2014）。

八〇年代半ばから九〇年代半ばくらいまでは、戦後最高の輸入文化の時代です。「ニッポンの音楽」を「Ｊポップ」と言い換えるという命名＝変換の回路には、この時代背景が深く関与しています。はっぴいえんども、イエロー・マジック・オーケストラも、音楽的な影響の源泉は日本の「外」にありました。しかしそれが「内」で機能するためには、単に「外」へ向かうのとも完全に「外」化してしまうのとも違った、いわば「内」と「外」をクラインの壺のように無限循環させるようなことが必要だったのです。ベクトルとしては、邦楽の洋楽化ではなく、あくまでも

> 洋楽の邦楽化が、日本という「内」に留まったまま「外」を取り入れることが、求められた。このプロセスを端的に表しているのが、「Jポップ」という言葉の誕生のメカニズムだったのだと著者には思えます。(佐々木 2014: 140)

つまり、「Jポップ」の誕生には、一九八〇年代から九〇年代前半にかけての経済状況および時代背景が深く関連していたということである。それが「Jポップ」を生み出したとも言えるだろう。「そこには海外文化へのコンプレックスと、自国文化へのこだわりが、複雑に入り混じりながら両方とも混在している」(佐々木 2014: 144)。それは、その当時の日本のファッションにおいても同じようなことを指摘できるのではないだろうか。「Jファッション」という言葉はいまだ使用されていないが、八〇年代に生まれ、九〇年代に爆発的に広まり、ゼロ年代以降は世界にも進出しているユニクロや無印良品こそ実は「Jファッション」と呼べるものなのではないか。それは、かつて世界に衝撃を与えた日本発のファッションではない。七〇年代のケンゾーやイッセイ、八〇年代のコム・デ・ギャルソンやヨウジヤマモトとは異なるものだ。西欧のファッションシステムを破壊するようなアヴァンギャルドさは持ちえないが、市場規模では圧倒的に優っている。誰もが一着は持っている家族みんなのユニクロ、もはや国民服と言っても過言ではないユニクロ。トンガリすぎず、ダサくもない、みんなが聴ける音楽「Jポップ」。それはそのまま、トンガリすぎず、ダサくもない、みんなが着れる服「Jファッション」に重なっている。「Jポップ」が何百万枚のCDセールスを連発し、日本のポップスを覆いつくしたように、「Jファッション」も破竹の勢いで日本のファッションを覆いつくしたのだ。

つまり、音楽の世界におけるYMO(11)（イエローマジックオーケストラ）は一九八〇年代のコム・デ・ギャルソンやヨウジヤマモトに代表されるDCブランドのようなものだったのではないか。パリコレに揺さぶりをかけた日本のファッション。それは、音楽的な影響の源泉を「外」（海外）に持つYMOと共通するものがある。八〇年代の坂本龍一が常にコム・デ・ギャルソンの服を着ていたのは、同じ「東からの衝撃」ゆえなのではないだろうか。

一九八〇年代はパリコレを経由した日本のファッション、つまり「東からの衝撃」としてのファッションが最先端のものとして受けとめられていた。パリコレというお墨付きを得たことで、日本のファッションはよりいっそう価値が高まったのだ。DCブランドのすべてが、パリコレによって認められたわけではなかったが、コム・デ・ギャルソンやヨウジヤマモトを頂点にしたDCブランドは、前衛的な日本のファッションを改めて印象付けた。しかしながら、流行としてのDCブランドは、普通の服への揺り戻し現象や、八〇年代後半のバブル期におけるインポートブームによって、終焉を迎えてしまう。では、私たちの海外へのコンプレックスと自国文化へのこだわりはどこへいったのだろうか。黒、破壊、アシンメトリーという「武器」によって西欧のファッションシステムを揺るがせた日本のファッションは、その後どうなってしまったのだろうか。

「普通の服《ノームコア》」が世界的なトレンドになり、ファストファッションが世界を覆いつくす中で、日本のファッションはどこにそのアイデンティティを見出せばよいのだろう。その一つの答えが、「Ｊファッション」ではないのだろうか。例えばそれは、爆発的なヒットを飛ばし世界にも果敢に進出するユニクロという名の日本発のファストファッションではないのだろうか。

2 「Life Wear」としてのユニクロ

キングオブＪファッション

ユニクロがこんなにも私たちの日常に溢れ出したのは、いつ頃からだろうか。それは、やはりフリースが爆発的なヒット商品となり、いわゆるユニクロブームが起こった二〇〇〇年頃だろうか。いや、それとも、店舗数が一〇〇店を超え、株式上場を果たした一九九四年を境にユニクロはユニクロになったと考えるべきだろうか。とにもかくにも、一九八四年に、それまで山口県宇部市において「メンズショップＯＳ」の名称で男性向け衣料品を取り扱っていた小郡商事が、広島市中区にカジュアル衣料品店「ユニーク・クロージング・ウエアハウス」（UNIQUE CLOTHING WAREHOUSE）を開店したのがすべての始まりなのである。

一九八八年に、ユニクロと名を変えたこのカジュアル衣料品店は、九〇年代の後半からまさに破竹の勢いで日本中を席巻し、一家に一着どころか、一人一着という具合にフリースを「国民服」のように定着させた。おじいちゃんから赤ちゃんまで誰でも着られるユニクロ。暖かくて、軽くて、もちろんコストパフォーマンスにも優れている。さらにカラーバリエーションも豊富でデザインにも気が配られている。これ以上、「快適」な服があるだろうか。もうこれ以上、私たちが服に望むことはあるだろうか。もちろん、ユニクロはそのことをよく知っている。

ユニクロの服は「カジュアル」です。「カジュアル」は年齢も性別も選びません。国籍や職業や学歴など、人間を区別してきたあらゆるものを越える、みんなの服です。活動的に、快適に生きようとするすべての人に必要な服です。服はシンプルな方がいい。私たちが作る服は、着る人自身のスタイルが見えてくる服であってほしいと思います。（二〇〇〇年秋・カタログより）

このマニフェストが書かれたのは、二〇〇〇年のことである。一九八〇年代のＤＣブランド全盛期、インポートブームに沸いたバブルの時代を経て、人々が着飾ることやファッションで自己表現することに疲れ果てていた頃である。そこに、ユニクロはまるで救世主のようにあらわれた。

ユニクロのフリース。フリース、プリーズ。それはまるで、一九八〇年代の服にかけられた魔法を解く呪文のようなものだ。「服はシンプルな方がいい。」たかが着るものではないか。現実を見よ。馬車をかぼちゃに戻すように、ドレスをリアルクローズに戻したこと。それがユニクロの偉大な功績ではあるまいか。ファッションビルという特別な舞台(12)ではなく、駅やコンビニという日常の空間でペットボトル飲料のように売られてこそ、服の本来の姿なのではないか。「活動的に、快適に生きようとするすべての人に必要な服」は野菜や肉やおにぎりや栄養ドリンクや生理用品と同じように売られなければならない。そう、スーパーやドラッグストアに交じって、新聞の折り込みチラシで紹介されてこそ、「国民服」の証なのである。

フリースの大ヒットに続き、季節ごとの快適さを追求したヒートテックやサラファイン素材、インナーとアウターを地続きにするブラトップなど数々のヒット商品に支えられ、ユニクロは「Jファッション」ユニクロになった。もはや日本の酷暑も厳寒もユニクロなしでは生きていけない。最盛期に比べて、若干の陰りも伝えられるものの、二〇一六年八月末の時点で、直営店は七九八店舗あり、そのうち大型店は二〇五の数を誇っている(13)。

関連ブランドのGU(14)も含めれば、その数はさらに三五〇店舗付け加わる。もちろん、国内だけではない。海外でも中国の四七二店舗を筆頭に、韓国の一七三店舗、台湾の六三店舗、米国の四五店舗など相変わらずの快進撃を続けており、国民服の域を超え、世界の「ユニクロ」(ユニフォームクローズ)になる日も近いであろう。それは、まさに「キングオブJファッション」の名に相応しい。

そんな「キングオブJファッション」の姿を印象づけるのが、二〇一二年九月に新宿東口に開業した「ビックロ」(ビックロ新宿東口店)である。「ビックロ」とは、家電量販店のビックカメラとユニクロの共同店舗であるが、単に両店舗が同一の建物に入居するのではなく、ビックカメラとユニクロの一体感を強調した店舗作りが行われている。「素晴らしいゴチャゴチャ感」をコンセプトに、ユニクロのロゴマークも手掛けているアートディレクターの佐藤可士和[15]がトータルプロデュースを担っている。共同の売り場である一階をはじめ、各階にはユニクロの機能性を代表するヒートテックの横にビックカメラで取り扱う暖房器具を置いたり、ユニクロの衣料品を身に付けたマネキン人形にヘッドホンを持たせるなど、マネキンを介して衣料品と家電商品を紹介する、コラボレーションを意識したディスプレイが特徴的である。また、店員のユニフォームも佐藤可士和監修のもと、デザイナーの滝沢直己[16]が手掛けた共同ユニフォームとなっている。

「ビックロ」のユニクロ部分の店舗面積約二九〇〇平方メートルは店舗規模では銀座店に次ぐ国内二番目の規模を誇っている。また「ビックロ」は「グローバル繁盛店」という「最新・最旬の商品を取り揃えた、親しみやすいサービスを実現化した地元密着型の店舗」として位置づけられており、世界中から注目される「東京の新名所」を目指している。このことからも、ユニクロがすでに「Ｊファッション」として世界で消費されていることがわかるだろう。

服は服装の部品

そんなユニクロの服の特質を最も明確にあらわしているのが、ユニクロ創業者の息子であり、ファーストリテイリング代表取締役会長兼社長の柳井正の名言「服は服装の部品」である。その言葉は、二〇一一年に「ユニクロイノベーションプロジェクト」（ＵＩＰ）を立ち上げ、ユニクロの服とは何かを改めて問うた際にも第一番目に挙げられた。つまり、それはユニクロの最も重要なコンセプトであると言うことができる。

では改めてその根幹を成すフレーズに着目してみよう。「ユニクロの服とは、服装における完成された部品である。」とは何を意味しているのか。そもそも部品とは何か。それは全体の一部、パーツであり、それだけでは服装になり得ないものである。したがって、必然的にユニクロの服は服装としての完成度が高く、一枚でも様になるワンピースや揃いのスーツよりも、単品のアイテムが中心となる。しかも、部品というものは一つ一つが主張をしては、全体が不協和音を奏でることになる。ユニクロの服は、それぞれの部品同志を組み合わせることが前提となっているために、コーディネートしやすく、表立った主張のないアイテムが求められる。無地のTシャツ、カーディガン、セーター、パンツ。限りなくベーシックなデザインが部品には相応しい。

一方で、ユニクロの服は、部品であるために、まるで絵具や色鉛筆のように、豊富なカラーバリエーションを誇っている。何色も展開することで、部品は部品としての役割を全うする。赤い絵具が欲しい客に、今期は青い絵具しかありませんとは決して言わないのがユニクロなのだ。トータルな服装を描くために、必要な部品はいつでも店にスタンバイしていなければならない。

だが、ベーシックなデザインとカラーバリエーションだけでは、ユニクロをそこまで「完成された部品」に高めることはできないであろう。ベーシックなデザインとカラーバリエーションだけならば、ほかのブランドでもすぐに追随できる。ユニクロを「Jファッション」たらしめているものは、言うまでもなくその機能性である。

フリースは暖かさゆえに老若男女を魅了したが、厚みもあり、部品にしては存在感がありすぎた。黒子に徹しているとは、言い難かった。しかし、二〇〇六年に発表されたヒートテックは違った。これこそ、ユニクロの真骨頂、ユニクロを「完成された部品」にするのに最適な素材であった。

ヒートテックは世界的繊維メーカーである東レとユニクロが共同開発した新素材です。ヒートテックの機能には、次のようなものがあります。

① 発熱機能
人間の体からは常に水蒸気が発散されているのを利用し、体から蒸発されるエネルギーが繊維に吸着するとき、水蒸気の「運動エネルギー」を「熱エネルギー」に変換。素材自体が暖かくなります。

② 保温機能
繊維と繊維の間にできるエアポケット（空気の層）が、断熱効果を発揮し、ヒートテックによって発生した熱を、外に逃がしにくくします。

③ においを抑える抗菌機能
④ 着心地をよくする、ストレッチ機能
（ユニクロ用語集より http://www.fastretailing.com/jp/glossary/534.html 二〇一七年二月一〇日最終アクセス）

この新素材により、ユニクロは驚くべき薄さと温かさを両立させた。逆に、夏の暑さに対応する素材としては、「旭化成のキュプラ®と東レの異形断面ナイロンを複合した素材」であるサラファインを開発した。「キュプラ®が湿気を吸収し、汗や湿気を素早く吸収・拡散し、衣服内を常に快適に保ちます。また、異形断面ナイロンとの組み合わせが、柔らかい風合いとサラサラの肌触りを実現し」（ユニクロ用語集）たのである。もちろんこれらの新素材は、直接肌に着ける肌着やインナーに使われることが多いが、ヒートテックのように薄い素材のインナーはアウターの邪魔をすることなく黒子に徹することで極めて優秀な、まさに「完成された部品」として不動の地位を獲得している。

しかしながら、一方でベーシックなデザイン、カラーバリエーション、機能性によって「完成された部品」であることに徹しすぎたために起こってきた問題が、いわゆるファッション性の欠落であった。要するに、便利で快適かもしれないが、これといって特徴のない普通の服になりすぎてしまったのである。

そこで、ユニクロが採った対策が、世界的に有名なデザイナーとのコラボレーションである。二〇〇六年の秋冬からユニクロは「デザイナーズインビテーションプロジェクト」と題して、例えばクリスチャン・ディオールでニットデザイナーとして活躍したアダム・ジョーンズとコラボレーションを行うなどモードと手を取り始めた。最初に本格的に行われたのは、二〇〇九年にスタートしたジル・サンダーとのコラボレーションである「＋J」[17]（プラスジェイ）であろう。近年では、クリストフ・ルメールの「UniqloU」（ユニクロユー）やイネス・ド・ラ・フレサンジュ(18)などが手掛ける商品も登場させている。

このようにユニクロはさまざまなデザイナーとのコラボレーションを継続的に行っているが、成功しているのはいずれも、比較的シンプルなデザインを特徴とするデザイナーの製品である。「完成された部品」というユニクロの使命と融合しやすい作風のデザイナーであることが求められるのであろう。もちろん、ほかのユニクロ製品に比較すると何倍もの価格帯であるが、本家ブランドに比べると安価であり、すぐに完売するものも少なくない。部品でありながら黒子に終わらない。それらは、「国民服」から次の段階へと進もうとするユニクロをあらわしているのだろう。その姿勢は、二〇一一年に立ち上げられた「ユニクロイノベーションプロジェクト」にも明確に示されている。単に著名デザイナーに頼るのではなく、「国民服」の域を超えて、ユニクロ自身が世界的なブランドになること。そのために掲げられたのが、次のようなコンセプトであった。

みんなのユニクロから「Life Wear」へ

「ユニクロの服とは何か」――「ユニクロイノベーションプロジェクト」（以下ＵＩＰ）はまずそのように問いかけることから始まる。それに対する答えが以下である。

ユニクロの服とは、服装における完成された部品である。

ユニクロの服とは、人それぞれにとってのライフスタイルをつくるための道具である。
ユニクロの服とは、つくり手ではなく着る人の価値観からつくられた服である。
ユニクロの服とは、服そのものに進化をもたらす未来の服である。
ユニクロの服とは、美意識のある超・合理性でできた服である。
ユニクロの服とは、世界中のあらゆる人のための服、という意味で究極の服である。
（『考える人』二〇一一年秋号[19]）

「完成された部品」は、変わることのない基本コンセプトであるが、それに加えて「ライフスタイルをつくるための道具」「着る人の価値観からつくられた服」「未来の服」「美意識のある超・合理性」「究極の服」など刺激的な言葉が並んでいる。「みんなの服」という二〇〇〇年のマニフェストからさらに進化し、より深く、より強く世界を見据えて攻めの姿勢に転じたユニクロの姿を見て取ることができるだろう。

ここでは、ユニクロの服は人々の「服装の部品」であることをはるかに超えて、ライフスタイルや価値観をつくるものになっているのだ。もはや流行やおしゃれの入る余地はないほど崇高な理念となっている。

二〇一一年九月にＵＩＰは最初のコレクションを発表した。デザイン・ディレクターに滝沢直己、クリエイティブ・ディレクターに佐藤可士和、ファッション・ディレクターにニコラ・フォルミケッティ（20）をそれぞれ起用し、東レ株式会社をはじめとする有力パートナー企業を迎え入れたプロジェクトチームが、「画期的な機能性と普遍的なデザイン性を併せ持った究極の普段着」を開発していくという計画である。先進的な素材や高い技術力を活かした高機能「プロダクト」に、世界中の誰もが着られる「普遍的なデザイン」を融合させるという、新しい服作りへの挑戦であった。これはＵＩＰのコンセプトを具体的な形にする作業であり、今後のユニクロ全体の服の方向性を決定づけることとなった。

この時期にユニクロはニューヨークにグローバル旗艦店「ユニクロ　ニューヨーク五番街店」と「ユニクロ　ニューヨーク三四丁目店」を立て続けにオープンしており、世界に向けて発信するために、今一度ユニクロのコンセプトを明確にする必要があったのだろう。柳井もＵＩＰのコンセプトについて次のように述べている。

自分で言うのも面映いのですが、これは革命的な定義だと自負しています。これまでの服の概念を変え、服の可能性を広げるものだからです。つまりＵＩＰとは、単に商品を作るというよりは、この定義に沿って商品を生み出すプロセス、あるいは商品開発の体制自体を思い切って変えていこうという決意表明です。言い換えれば、われわれが世界に打って出る上での立ち位置をはっきりさせた上で、われわれが今後作っていく〝未来の服〟は、すべてこの方向性にのっとっていくというブランド・メッセージです。（『考える人』二〇一一年秋号）

これまでも、ユニクロは「MADE FOR ALL」(21)を掲げ、世界中のあらゆる人が着ることのできる服を目指してきた。それが、「1億人のファッション」(22)なのである。

柳井によれば、欧米のような階級社会ではなく中産階級の社会である日本においては「誰にとってもいい服」というのが成立してきたと言う。また、日本の消費者の品質に対する要求の高さと繊維産業の技術力を基盤に、「どうすれば日本人の『匠』の気質や柔軟な発想を活かしながら、いままでにない未来の商品を開発して売っていくことができるかと、真剣に考えているのがわれわれ」(『考える人』二〇一一年秋号)だと主張する。

その一つの答えが二〇〇三年に発売されたヒートテックである。もともとはアウトドアやスポーツ用のウェアだった商品に繰り返し改良を加え、保温性・保湿性に富み、薄くて着心地が良く、なおかつデザインにも配慮した新たな商品を作り上げたのだ。

つまり『画期的な機能性』と『普遍的なデザイン性』を組み合わせれば、未来のベーシックな定番商品を作り出せるということを端的に証明したのが、ヒートテックでした。最近の全国消費者調査によれば、ヒートテックを着たことのある八割強の人が、冬の厚着から解放され、寒い日の外出も積極的にするようになったと答えておられます。お客様にとってより望ましいライフスタイルがこの商品の出現で可能になった、ということが大きいと思います。(『考える人』二〇一

一年秋号）

「より望ましいライフスタイルがこの商品の出現で可能にな」ること、それが二〇一三年からユニクロが打ち出している「Life Wear」の意味するところであろう。より望ましいライフスタイルをつくるための道具、それがヒートテックに代表されるユニクロの服だと柳井は説く。ヒートテックの成功による「Life Wear」としての自負ゆえか、二〇一六年に、ユニクロはついになぜ服を着るのかという極めて根源的な問いかけを行うＣＭをオンエアさせるに至った。

私たちはなぜ服を着るのだろう。
正解はひとつじゃない。
生活をよくするための服をつくろうと、
私たちは問い続ける。(23)

「私たちはなぜ服を着るのだろう。」それはまるで哲学者の問いかけのようだ。実際、今から二〇年以上前に鷲田清一はその問いに答えている。

ひとはなぜ服を着るのか。この問題を解くためには、だから、衣服を身体を保護するためのものとする考えから一度離れる必要があります。衣服はしばしばひとの外見とも言われますが、身体とその上に被せられた覆いとして衣服をとらえる考え方から切れる必要があるのです。機能性という固定観念をかっこに入れて、あらためてじぶんたちの装いというものを見てみましょう。（鷲田 2012: 18）

ここで鷲田は、「ひとはなぜ服を着るのか」という問題を解くために「機能性という固定観念をかっこに入れ」よと言う。そうすれば、なぜひとが自分の身体を加工、変形せずにはいられないのかという問題に直面すると鷲田は続ける。「ひとはなぜ装うのかという問いは、ひとはなぜじぶんのありのままの身体に満足できないで、それにさまざまの加工や変形や演出をほどこすのか、どうしてそんな手の込んだことをするのかという問いを核心に含んでいることがわかります。」（鷲田 2012: 21）

しかし、二〇一六年のユニクロは鷲田と同じ問いかけをしながらも、「機能性という固定観念をかっこに入れ」てはいない。むしろ、「正解はひとつじゃない。」としながらも、「画期的な機能性」と「普遍的なデザイン」がその答えであり、「生活をよくするための服」を生み出すこと、すなわち、着ることが生活をよくすることにつながることこそ、「正解」であるかのような主張を行っている。

こうして「みんなのユニクロ」はついに「Life Wear」となった。人々のライフスタイルや価値観をつくり、進化する未来の服。すべての人に必要な、究極の服。「生活をよくするための服」。ライフウェア。柳井の言葉で言うならば「誰にとってもいい服」。

はたして、そんな服は本当にあるのだろうか。そんな服は本当に必要とされているのだろうか。そもそも、「Life Wear」ユニクロを人々はどのように受け止めているのだろうか。

ユニクロでよくない？

いつからファッション誌にユニクロが登場するようになったのだろうか。少なくとも、表紙に見出しとして堂々とお目見えするようになったのは、比較的最近のことである。すでに述べたように、ユニクロがポピュラーな「みんなのユニクロ」になったのは、フリースが大ヒットした二〇〇〇年頃からだが、ユニクロを着ることがファッション誌で推奨されるようになったのは、二〇一〇年代に入って以降である。

それまでは、むしろユニクロを着ていることを他人に知られたくない、バレたくないという意識が強く、「ユニバレ」なる言葉まで登場している。「ユニバレ」とは、着ている服が「ユニクロ」であることがバレてしまうことを指し、大勢の消費者が持っているユニクロを、自分も着ているのが恥ずかしい、という意味合いを暗に含んでいる。背景には、ユニクロ商品の堅調な売れ行きや、幅広い年齢層への普及がある。

「ユニバレ」という言葉が話題になり始めたのは、二〇〇九年初めである。ファッションやトレンドを取り上げるブログ「Elastic」で「ユニバレは避けたいですか?」という記事が掲載され、注目の的になった。記事には一三三ものコメントが寄せられ、ユニバレについて賛否両論が起こった。(24)「ユニバレ」に先駆けて、他人と同じデザインのユニクロを身に付けていることを指す、「ユニ被り」という略語も登場している。つまり、爆発的にヒットし、あまりにも一般的になってしまったユニクロを堂々と着ることは恥ずかしいという意識が強かったということだ。そこで、考えられたのが、ユニクロにひと手間加えデコレーションを施した「デコクロ」(25)である。カーディガンのボタンを変えたり、Tシャツにワッペンを付けるなど比較的簡単なものから、シルエットそのものを変形してしまう本格的なものまで「デコクロ」は現在でも盛り上がりを見せている。

しかしながら、このように「ユニバレ」や「ユニ被り」と否定的に語られることが多かったユニクロが、一転して、ファッション誌の特集に躍り出る時代がやってきた。何といっても代表的なのが、『andGIRL』二〇一五年一一月号の「ユニクロでよくない?」であろう。『andGIRL』は二〇一二年一〇月に「アラサーになっても、仕事ができても、結婚しても『ガール』な大人たちへ!」をキャッチフレーズとして創刊された三〇代前後の大人かわいいファッションが好きな女性たち向けのファッション誌である。その記念すべき創刊三周年記念号で「鉄板コーデから1カ月着回し、ユニジョSNAPまで!」と大々的に二八頁にわたって、ユニクロと姉妹ブランドのGUが大特集されたのだ。(26)

表紙の見出しは「ユニクロでよくない？」であるが、扉を開けた目次と実際のグラビアページにおいては、「もう、『ユニクロ』『ＧＵ』でよくない？」と「もう」が付け加えられている。

「ユニクロ」「ＧＵ」の人気はますます過熱中。この秋冬も使い勝手&コスパ最適なアイテムが続々リリース。そこで、アラサーにおすすめの鉄板コーデから着回し、ＳＮＡＰまで、賢くオシャレな取り入れ方を大特集！　もう、ユニクロ&ＧＵでよくない？（『andGIRL』二〇一五年一一月号）

出典　『and GIRL』2015 年 11 月号（M-ON! Entertainment）

図「ユニクロでよくない？」

「ユニバレ」や「ユニ被り」が突如「ユニクロでよくない？」になった理由は何なのか。あるいは、積極的に「ユニジョ」（ユニクロ女子）を名乗るようになったのは、なぜなのか。

このようにユニクロをクローズアップして特集しているのは、『andGIRL』だけではない。他誌でも、「彼ができない……を救うヒントは『ユニクロ』にあり!?」

（『JJ』二〇一六年八月号）「ユニクロVS. GU VS. ViS　予算少なめ、でも余裕　2weeks着まわし」（『with』二〇一六年一一月号）「ZARA・GAP・UNIQLO・PLST・無印良品　真夏の楽ちんオシャレ決定版！『デイリーブランド×ぺたんこ靴』」（『CLASSY.』二〇一六年九月号）「ユニクロVS. GAP、選りすぐりニットで二週間コーデ対決」（『VERY』二〇一六年一二月号）というように、今や二〇代、三〇代の女性ファッション誌においてユニクロは欠かせない「デイリーブランド」としての地位を築いているのである。

もはや、ユニクロは否定ではなく肯定すべきブランドになったのか。もう、隠さなくてもよくなったのか。彼女たちは喜んでユニクロを着ているのだろうか。そもそも「もう、ユニクロでよくない？」とはどういう意味なのか。

3　本当にユニクロでよいのか？

「もう、ユニクロでよくない？」には三つの「よくない？」が含まれている。一つ目は、ファッションの流行に合致していて、「よくない？」である。ノームコアという言葉が広がりを見せて以降、シンプルかつミニマムなファッションが流行し続けている。何でもないシャツやパンツ、ニット、装飾性を削ぎ落とし、原点に回帰したかのようなアイテムをコーディネートすることが相変わらず「オシャレ」と認識されており、この傾向は現在でも多くの日本のファッション誌を覆いつくしている。そういった意味で、シンプルでベーシックなアイテムをデザインの基本とするユニクロは今の流行にちょうど「よくない？」なのである。

二つ目は、やはりユニクロ自体のレベルアップであろう。前述したように、ユニクロは機能面、デザイン面において常にレベルアップを目指し、プロジェクトの名の通りイノベーションし続けてきた。昨年よりは、今年のヒートテックがますます進化したものになっているのは当然であり、さまざまなデザイナーとのコラボレーションのお蔭で、デザインへの配慮も、目に見えてわかるようになってきた。つまり、一〇年前のユニクロと現在のユニクロでは基本的なコンセプトは同じでも、似て非なるものなのだ。そこに比較的ファッションに敏感な層が気づいたということである。最近のユニクロ、前より「よくない？」である。

三つ目は、「もう、ユニクロでよくない？」の「もう」という言葉にあらわされている。つまり、もう、服なんて所詮そんなものじゃない？　という諦観とも言うべき服への姿勢である。使い勝手がよく、コスパも優れているならば。もちろん、品質もよく、デザインにも気が配られているならば。それなら別に高い服を着る必要ないじゃない？　賢くおしゃれするのがいちばん。おしゃれは生きがいなどではなく、ほどほどでいいのだ。もう、服は別に「ユニクロでよくない？」である。

このように、今の流行に合致し、機能もデザインもそれなりのレベルに達し、コスパにも優れ、賢いおしゃれができるユニクロはまさに、非の打ちどころがないではないか。「ユニクロでよくない？」は、「ちょうどよくない？」「前よりよくない？」「別によくない？」の三つの「よくない?」に支えられているのである。

ただこれらの「よくない?」は決して積極的な評価というわけではない。「まあ、いいか」「いいよね、別に」といった消極的な選択のもとに、「Life Wear」としてのユニクロは受け止められているのである。

しかし、現代における「服」とはそのようなものではないだろうか。「もう、ユニクロでよくない?」それは、『毎日同じ服を着るのがおしゃれな時代』(三浦 2016) における大多数の人々のファッション観、着ることに対する人々のスタンスをあらわしているのではないか。服より野菜、服より家電。服よりブックカフェ。それをモノ消費よりコト消費と定義づけるのは簡単だ。なぜ、人々は服よりも家電にコストをかけるのか。家電ならば来シーズンも使えるからか。すべての服はもう完全に消耗品なのか。

「ユニクロでよくない?」という時代におけるファッションとは何か。それは、やはり「人はなぜ服を着るのか」を問うことになるだろう。

注

(1) ファストファッションという言葉が一般化したのは、外資系の大型ファストファッション店舗がオープンした二〇〇八年から二〇〇九年にかけてだが、ユニクロがフリースを販売し、話題になったのは一九九八年なので、一九九〇年代後半から日本においてもファストファッションが広まっていったと考えることができる。

（2）かつてはベジタブル＆フルーツマイスターと呼ばれていた。詳しくは、第二章の「ヘルシーなファッション」を参照のこと。

（3）『カーサブルータス』『クウネル』の詳細に関しては、第四章「ライフスタイルというファッション」を参照されたい。

（4）個性的なデザインによって少数精鋭であることを売りにした日本初のＤＣブランドは、一九八〇年代前半から半ばにかけて、若者を中心に大ブームを巻き起こした。年に二回開催されるバーゲンの際にはファッションビルに開店前から行列ができるほどであった。しかし、そのブームは意外に短命であり、八〇年代の後半になると失速してしまう。

（5）とりわけ一九八二年春のコレクションで川久保玲によって発表された穴の空いた服、いわゆる「ぼろルック」などは、ヨーロッパの伝統的な価値観に挑むかのようであったため「東からの衝撃」と言われ、欧米のファッション・ジャーナリズムにおいて賛否両論を巻き起こした。

（6）それらは、渋谷に集まる若者を中心に広まっていったため、渋カジ（渋谷カジュアルの略）と呼ばれた。渋カジのアメリカンカジュアルスタイルは、一九八〇年代後半から一九九〇年代の前半にかけて全国的に波及し、その後の『ビームス』や『シップス』など、セレクトショップの人気へとつながっていく。

（7）奇抜なファッションを着て自己表現するよりも、化粧をはじめとする身体改造によって自己プロデュースすることが重視されるようになったのが「コスメの時代」である。「コスメの時代」については、拙著『コスメの時代――「私遊び」の現代文化論』（米澤 2008）を参照されたい。

（8）一九八〇年代に「オリーブ少女」であった作家の山崎まどかは、『オリーブ少女ライフ』（二〇一四年）において、オリーブに掲載されていた服を「おとぎ話の中にだけ出てくるお姫さまのドレス」と称している。

（9）　ファストファッションが抱える負の側面としては、低価格を実現するために生産コストを抑えなければならず、人件費削減のために海外生産を選択することにある。中国やバングラデシュなど海外の工場の労働環境は劣悪なところも多く、二〇一三年にはバングラデシュの五つの縫製工場が入るビルで崩落事故（ラナプラザ崩落事故）が起こり、一一〇〇名を超える死者が出た。労働環境の改善とともに、工場に委託したファストファッション企業の責任も問題視されている。

（10）　ファッションの最先端を追い求める人の意味だが、谷川の言葉で言うならば、着ることに生きがいを感じている人であろうか。

（11）　細野晴臣、高橋幸広、坂本龍一からなるＹＭＯは一九七八年に結成され、一九八三年に「散会」（解散）するまで、日本のテクノ／ニューウェーブムーブメントの中心的なバンドとして若者世代の絶大な支持を得た。一九九〇年代以降に登場するＹＭＯに影響を受けたミュージシャンたちはしばし、ＹＭＯチルドレンと呼ばれる。ＹＭＯはテクノポップの始祖であるドイツのクラフトワークというバンドの影響を受けているとも言われているが、黄色人種独自の音楽を示す「イエローマジック」というバンド名にも由来するように、赤い人民服姿に、もみあげの部分を刈りあげたテクノカットというスタイルで、シンセサイザーとコンピュータを駆使した音楽を演奏し、日本中を席巻するとともに、欧米でも一定の評価を獲得した。

（12）　ＤＣブランドの全盛期にはどこで何を買うかが非常に重要であった。エッセイストの入江敦彦は、一九八〇年代を振り返り、「渋谷の『パルコ』で『ニコル』のブルゾンを買う。それが私の大学時代のトレンドであった」（入江 2007：314）と述べている。服を買うことはファッションビルという空間での特別なイベントであったのだ。

（13）　http://www.fastretailing.com/jp/group/shoplist/　二〇一七年二月一日最終アクセス。

(14) もともとはファーストリテイリングとダイエーの業務提携により、ファーストリテイリングの主力ブランドであるユニクロのノウハウを活かしつつ、ユニクロより低価格なカジュアル衣料品を販売する新ブランドとして二〇〇六年に立ち上げられたものであった。ブランド名GUは、「もっと『自由』に着よう」というコンセプトに由来するもので、二〇代後半から三〇代前半の若いファミリーをターゲットとし、ユニクロの七割程度の価格帯を設定しつつ、ファッション性を重視した店舗構成を目指していた。近年では、ガウチョパンツが大ヒットするなど、ベーシックなユニクロよりも流行を意識したブランドとして一〇代から二〇代の若者を中心に幅広い世代から人気が高まっている。

(15) 二〇〇六年にニューヨークのソーホー地区にオープンしたグローバル旗艦店、二〇一一年のニューヨーク店、銀座店もすべて佐藤可士和がトータルプロデュースを手掛けており、ロゴデザインも含めて、ユニクロのブランディングの大部分は佐藤可士和によって担われていると言っても過言ではない。

(16) 二〇一一年から二〇一四年まで、ユニクロのデザインの方向性を指揮するディレクターとして活動。その経験は『1億人のデザイン』(滝沢 2014) という著書にまとめられている。

(17) 二〇〇九年から五シーズンにわたり、ジル・サンダーとのコラボレーション「+J」は続いた。機能的で、ミニマムでありながら、スタイリッシュなデザインが人気となった。そこで、二〇一四年からは、「ベストオブ+J」として、これまでのコレクションから厳選したアイテムを復活させている。

(18) 一九八三年からシャネルでモデルとして活躍し、一九八九年にはフランスの象徴であるマリアンヌに選ばれた。その後は、デザイナーとして、自らの名を冠したブランドをプロデュースしたり、ファッションに関する本を執筆するなど幅広く活動している。

(19) 英訳は次のようになっている。
Uniqlo is the elements of style.
Uniqlo is a toolbox for living.
Uniqlo is clothes that suit your values.
Uniqlo is how the future dresses.
Uniqlo is beauty in hyperpracticality.
Uniqlo is clothing in the absolute.

(20) ファッション・デザイナー。二〇〇九年からレディ・ガガのクリエイティブ・ディレクターとして、スタイリングを手掛けている。また、ユニクロのほかにもDIESELのクリエイティブ・ディレクターを務めている。

(21) 流行や個性を主張するウェアではなく、シンプルで汎用性がありながら高品質で、それを着る人が自分に合わせた目的で自在に組み合わせながら楽しむことができる服。(『考える人』二〇一一年秋号より)

(22) UIPが立ち上がった二〇一一年からデザイナーを務めた滝沢直巳は、自らの主張を薄めてデザインしたユニクロの服について、「1億人のための服のデザインだからです。ユニクロは、世界中の人に着てもらう服を目指しているのです。」(滝沢 2014: 20) と述べている。

(23) 初のグローバルキャンペーンとして二〇一六年八月一五日から一八の国と地域で順次展開された。「人はなぜ服を着るのか? (Why do we get dressed?)」を問いかけることで、「Life Wear」をコンセプトとするユニクロの服作りにおいて、着る人のライフスタイルや意識をどのように商品化しているかを伝えようと試みたのであろう。

(24) 「ユニバレ」『知恵蔵』二〇一五年版より。

(25)「ユニバレ」を隠すためにワッペンを付けるなど、一手間加えてアレンジする。「ユニ隠し」とも言われる。

(26)二〇一七年の時点でも毎月のように、ユニクロ、GUが表紙を賑わしている。すっかりファッショナブルなブランドとして定着したようである。

第一章　なんとなく、エシカル
――エシカルなファッション

1　「ミセスオーガニックさん」って誰なんだ⁉

オーガニックという言葉が巷間に溢れるようになったのは、いつからだろうか。オーガニックコスメ、オーガニックコットン、オーガニックフード。「有機栽培」などと言われることもあるが、「オーガニック」という響きの方が優勢にあるようでオーガニックなものが世の中に増え続けている。

オーガニックとは、もともと有機農産物およびその加工食品を意味し、化学肥料を排除し、環境に配慮することを示している。「有機」は生物体構成物質を意味するため、化学物質である農薬、化学肥料を使用する現代農業に対してそれらを排除し環境に配慮するということから、「オーガニック（有機）」という語を使用するようになった。世界各国にはＯＣＩＡ（オーガニック農作物改良協会）をはじめ、およそ三〇〇を超えるオーガニック認定機関があり、その機関が定める一定規準を満たして作られたものにオーガニックという表示をすることが認められる。各認定機関により規準は若干異なるが、「三年以上農薬、化学肥料を使用していない農場で栽培され収穫されたもの」「オーガニックの条件をみたした原料で、添加物などを使わずにつくられた加工品」「畜産物はオーガニック農産物の飼料によって飼育され、抗生物質、ホルモン剤を使用していないもの」「栽培、加工、流通などすべての段階で、認証機関などの第三者が厳しくチェックしたもの」など一定の規準は共通である。（山口 1996: 73-74）

日本でもオーガニックに対する関心の高まりを受けて、一九九二年には農林水産省が、有機農産物などにかかわる「青果物等特別表示ガイドライン」を定めた。さらに一九九六年にはこれを改正し、農薬や化学肥料を使わない「有機農作物」と無・減農薬で栽培した「特別栽培農作物」の二つに分類した。だが、このガイドラインは不正な表示をしても罰則規制がないなど問題を含んでいた。ようやく二〇〇〇年六月に改正ＪＡＳ法[1]が施行され、厳しい品質規準をもつ有機食品の検査・認証制度が発足するに至った。アメリカではすでに一九九〇年に統一規準としてＯＥＰＡ（オーガニック農産物食品生産法）が承認され、オーガニックとして表示できる農作物が明確に示されていたが、それに遅れること一〇年、日本でもようやく本格的に有機食品に対する制度的な定義づけがなされたのである。

では、ファッション誌の世界においてはいつ頃からオーガニックブームが起きているのだろうか。三〇代主婦向け雑誌『VERY』は二〇一一年五月号で、「都会っぽいのにナチュラルな人たちが増えています　ミセスオーガニックさんって誰なんだ⁉」という特集を組んだ。そこでは、「あなたもなれる　ミセスオーガニックさん度チェック！」として、次のような項目が三〇個設けられている。

「リネンやコットンなど、天然素材の服が好き」「スーパーでは積極的に有機野菜、無農薬野菜を選ぶ」「ジョンマスターオーガニックを使っている、使ってみたいと思っている」「自家用車はプリウス」「子供の肌着やタオルはオーガニックコットンにしている」「田植えや野菜作りイベントに参加したことがある」「フェアトレードの商品を意識して買物している」といった三〇の項目に対して、二三個以上当てはまれば、「ＯＧ度は１００％　完璧ミセスオーガニックさん」に認定されるのだ。「オーガニックなライフスタイルが身についている、自然や社会環境にも関心が非常に高い人」として評価されるのである。逆に、当てはまる項目が七個以下ならば「ＯＧ度は20％　関心はあるけれど興味なし」という今一つわかりにくい烙印が押されるわけである。

このように、衣食住のすべてにおいてオーガニックなものを求める意識の高い主婦こそが、二〇一一年春の一番のトレンドあると『VERY』は断言したのであった。「オシャレな人ほど、今、気持ちはオーガニック!」なのだと。

このオーガニック提唱から約三年後の『VERY』二〇一四年七月号になると、エコ意識が高くオーガニック志向な「ミセスオーガニックさんは急増してい」るとして「ミセスオーガニックさんを探せ!」という毎月の連載をスタートさせるに至っている。さらに、「オーガニックさん」の連載は、その後定着し、二〇一七年現在でも継続中であり(2)、「オーガニックさん」の定義もいっそう明確に示されるようになった。「Mrs. オーガニックさん」とはすなわち、「オシャレは都会的でも、気持ちはオーガニック志向で素材や心地よさ、丁寧なくらしを大切にするママたちのこと。」なのである。それだけではなく、定義の後には次の一文が続く。「今や読者さんの大半が〝Mrs. オーガニックさん〟です。」

『VERY』と言えば、学生時代にファッション誌『JJ』を読んでいた三〇代主婦をターゲットとして、一九九五年に創刊された雑誌であり、「JJガール」と呼ばれた女子大生時代はもちろん、三〇代になっても主婦になっても高級《ハイ》ブランドやランチやショッピングに彩られた都会的な生活を謳歌する女性が読者ではなかったか。九〇年代にはシロガネーゼやアシヤレーヌやサロネーゼ(3)を輩出し、バブルの残り香漂う「新専業主婦」(4)の代名詞であった『VERY』読者が、現在は〝Mrs. オーガニックさん〟と呼ばれているのである。かつての彼女たちの高級《ハイ》ブランドやシャンパンへのこだわりが、オーガニックコットンやビオワインに向けられているのである。それは、すでに示したように彼女たちの衣食住のあらゆる側面を席巻している。

では、〝Mrs. オーガニックさん〟に代表される「気持ちはオーガニック！」なライフスタイルとはいかなるものなのか。具体的に覗いてみよう。

2 美――オーガニックコスメ

「気持ちはオーガニック！」な流行の先鞭をつけたのは、なんと言っても化粧品、オーガニックコスメではないだろうか。オーガニックコスメとは、自然由来の成分を中心に配合し、化学的な成分を排除あるいは極力使用せずに作られた化粧品である。アレルギーに悩む人々やいわゆる敏感肌の人々にとっては副作用が少ないという利点があり、もともと流行とは無関係に使用されていたが、ブームとなったのは、二〇〇〇年代も後半に入ってからのことである。

日本で最も化粧品が売れる場所の一つとして名高い伊勢丹新宿店の本館二階に「ビューティーアポセカリー」という名のオーガニックコスメを集めた売り場が登場したのは、二〇〇八年九月のことであった。(5) アポセカリー（Apothecary）とは、古英語で薬屋、薬局を意味する言葉であるが、馴染みのない言葉を敢えてフロアに名付けたのは、従来の化粧品売り場ではないという意味合いを強めるためだろう。確かに、資生堂やコーセー、シャネルやディオール、ランコムといった国内外の有名ブランドの高機能を謳った化粧品ではない、オーガニック化粧品が百貨店においてこれだけの規模で展開されたのは、異例のことであった。その後、二〇一二年九月に「ビューティーアポセカリー」は本館地下二階に移り、ナチュラルな美のテーマパークとして、オーガニック&ナチュラルコスメを中心に、スキンケア、ヘアケア、ボディケア製品、サプリメントやドリンクなどのインナーケア製品までが一堂に会する、都内随一のフロアとして人気を集めるようになった。もはや、それだけオーガニック化粧品が、一部の人々が志向する特別なものではなく、ポピュラーな存在になったことを示している。

しかしながら、日本には食品のようにオーガニック化粧品を認定する法的な規準があるわけではない。そのため、日本のオーガニック化粧品は玉石混交であると言えなくもない。国際的な規準に則り、添加物を一切使用しないなど徹底しているものもあるが、植物由来の成分を使用しているだけでオーガニックと名乗っているものも多く、イメージが先行している面は否めないのである。「ビューティーアポセカリー」においてもイギリス、フランス、アメリカなど各国のオーガニックコスメを一〇〇種類以上取り扱っているが、完全なオーガニックの認定を受けたものだけを取り扱っているのではない。それ以外の自然由来の成分を使用した製品に関しては「ナチュラルコスメ」と表記されている。

日本の化粧品会社ももちろんこの傾向を意識し、オーガニック的な要素を取り入れたブランドを展開し始めている。例えば、コーセーも二〇〇九年から「NATURE & CO（ネイチャー&コー）」というブランドを立ち上げている。(6)

「ネイチャー&コー」では、「よけいなものは、もういらない。自然なままに、きれいになる。そんな今の気分にちょうどいい、続けたくなるオーガニック。」という触れ込みのもと、スキンケア製品やヘアケア製品を中心にベースメイク製品までもが展開されている。とりわけ近年発売された「ボタニカルヘアケアシリーズ」は、シャンプー五〇〇ミリリットル入りで一五〇〇円程度（オープン価格）なので、ドラッグストアなどで売られている一般的なシャンプー（資生堂ツバキやP&Gパンテーン、花王のエッセンシャルなど）に比べると倍近くの価格設定ではあるが、化粧情報誌『VOCE』の二〇一六年下半期ベストコスメ「読者ベスコスリアルランキング」シャンプー部門の第三位を獲得するなど、高い評価を得ている。

このように、今やオーガニックコスメは一大勢力となっているわけであるが、数ある中でもブランド名そのものにオーガニックを冠しているその名もジョンマスターオーガニックを取り上げてみよう。前述の『VERY』における「ミセスオーガニックさん度チェック！」でも、「ジョンマスターオーガニックを使っている、または使ってみたいと思っている」という項目があったように、日本におけるオーガニックコスメの波及を語るうえで、欠かすことのできないブランドなのだ。

そんなオーガニックコスメの代名詞とも言えるジョンマスターオーガニックは、一九九一年に「地球に敬意を払うラグジュアリーなビューティーラインを」というコンセプトのもと、ニューヨークで誕生した、主にヘアケア製品を中心としたブランドである。創始者であるヘアスタイリストのジョン・マスターが毎日ヘアサロンで使用する有害な化学薬品によって引き起こされる健康へのリスクを認識し、オーガニック原料だけを使ったヘアケア製品を開発したことがブランドの始まりである。(7) 髪質ごとに選択できるシャンプーやトリートメントが人気を博している。

日本での本格的な展開は、株式会社スタイラが総販売代理店となって、二〇〇七年秋に取り扱いを始めて以降のことである。二〇〇八年には直営店もオープンしたが、まだまだ日本での認知度は低く、セレクトショップで取り扱われるなど静かな広がりであった。しかし、二〇一〇年代に入ると人気に火が付き始め（『VERY』のオーガニック度チェック項目に挙げられたのは二〇一一年である）、二〇一四年には、直営店が四〇店舗を突破し、日本初となる旗艦店を表参道にオープンさせるなど、ジョンマスターオーガニックの人気がいっそう高まることとなった。

二〇一七年一〇月現在の価格は、ノーマルタイプの髪質用のラベンダーローズマリーシャンプー二三六ミリリットル入りで二四〇〇円（税抜）であり、『VOCE』のベストコスメ二〇一一や『ELLEJAPON』のビューティアワード二〇一五も受賞したダメージヘア用のハニー&ハイビスカスシャンプーになると、一七七ミリリットル入りで三七〇〇円（税抜）と割高である。ドラッグストアで売られている大手メーカーの一般的なシャンプーの七～一〇倍近くの価格に相当する。しかしながら、ジョンマスターオーガニックは、一〇〇%天然成分を使用していることと、七〇%以上がオーガニック成分でつくられていることを掲げていた(8)ので、それがある程度は価格にも反映されているのだと思われる。

オーガニックシャンプーは、シリコン入りのシャンプーのように即効性があるわけではない。長期間使用するうちに、毛髪のサイクルに応じて変化が期待できるという緩やかな効果を示すものが大半である。しかし、「ノンシリコンで髪に優しい」「100%天然成分」などのイメージが先行し、ジョンマスターズオーガニックに代表されるようなオーガニックを全面に掲げたシャンプーが普及することによって、コーセーの「ネイチャー&コー」のように日本の大手メーカーのシャンプーにもオーガニックやノンシリコンを謳ったものが増加していくのである。ついには、アパレル最大手のオンワードが自然派化粧品を扱うベンチャー企業を買収し、化粧品事業に新規参入するという事態も起こっている。オンワードだけでなく、衣料品販売の低迷を受けてアパレル各社の化粧品事業への本格的な参入は激化している。矢野経済研究所の調査においても、自然派・オーガニック化粧品の市場は拡大しており、二〇一五年度の市場規模（メーカーの出荷金額ベース）は一一七五億円に達している。二〇一七年度には、さらに一二八一億円まで増えると予想されている。(9) このように、世の中のオーガニック化粧品への関心はますます高まるばかりなのである。

3　衣――オーガニックコットン

続いては、オーガニックコットンに代表される衣類を取り上げてみよう。『VERY』の「ミセスオーガニックさん」度チェックにおいても、オーガニックコットン関連は頻出する重要な項目となっている。

「リネンやコットンなど、天然素材の服が好き」
「メーク用のコットンはオーガニックにしている」
「子どもの肌着やタオルはオーガニックコットンにしている」

というように、三〇項目のうちの三つを占めている。さらに、「服のシワを気にするより、着心地のよさを大切にしたい」「子どもにはできるだけ布おむつを使いたい、もしくは使っている」なども含めると、六分の一がオーガニックコットン関連の項目で占められているのである。「ミセスオーガニックさん」の衣生活は着心地のよいオーガニックコットンに始まると言っても過言ではない。「ミセスオーガニックさん度チェック」の次に始まるファッションページにおいても、実際にコットン素材のチュニックやブラウス、ジャケットやボトムスなどが紹介されている。もちろん、「ミセスオーガニックさん」たちがコットン素材の服を着るのは、単に今シーズンの流行だからというだけではない。チェック項目にもあるように、まずは子どものため、「子どもファースト」ゆえ、なのである。

「昨年の4月に長男を出産して、やはり必然的に素材のよさをより意識するようになりました。自分が身につけるものは、息子が直接触れるものなので、気持ちのよい素材を選ぶことが多くなりますし、年齢とともに素材の心地よさは、服を選ぶ上で大切な要素になってきました。」(『VERY』二〇一一年五月号)――誌面に読者モデルとして登場しているアナウンサーの内田恭子のコメントに代表されるように、彼女たちは、母としてオーガニックコットンを選択しているのである。

オーガニックコットンとは、一般に、有機栽培され、加工の過程でも化学処理をせずにつくられた綿を指し、肌の弱い人でも抵抗なく身につけられるため、ベビー服や肌着に用いられることが多い。タオルなど肌に直接触れるものにも使用される。このように「肌にやさしい」という触れ込みで広まっているオーガニックコットンであるが、そもそもどのようなものを指すのであろうか。明確な規準はあるのだろうか。

NPO法人日本オーガニック・コットン協会のHPによれば、オーガニックコットンとは、次のようなものになる。

オーガニック・コットンは、オーガニック農産物等の生産方法についての基準に従って2~3年以上のオーガニック農産物等の生産の実践を経て、認証機関に認められた農地で、栽培に使われる農薬・肥料の厳格な基準を守って育てられた綿花のことです。

オーガニック・コットンは、紡績、織布、ニット、染色加工、縫製などの製造工程を経て最終製品となりますが、この全製造工程を通じて、オーガニック原料のトレーサビリティーと含有率がしっかりと確保され、化学薬品の使用による健康や環境的負荷を最小限に抑え、労働の安全や児童労働など社会的規範を守って製造したものを、オーガニック・コットン製品といいます。

（NPO法人日本オーガニック・コットン協会HPより http://joca.gr.jp/main/what-organic-cotton/　二

〇一七年一〇月一日最終アクセス）

このように、定義づけはきちんとされている。しかしながら、再び同ＨＰによれば、

オーガニック・コットンは厳しい基準に従って有機栽培される綿花ですが、コンベンショナル・コットン（通常の綿）と比較して農薬や合成肥料の成分が検出されるほどの差はありません。そこでそのコットンが正しくオーガニックな農法で栽培されたかどうかを確認するため、認証を受ける必要があります。

また、オーガニックの製品についても、オーガニックにふさわしい環境負荷の少ない加工をしたかどうか、原料のオーガニック繊維が正しく使われたかどうかを確認するため認証を受ける必要があります。（ＮＰＯ法人日本オーガニック・コットン協会ＨＰより http://joca.gr.jp/main/what-organic-cotton/ 二〇一七年一〇月一日最終アクセス）

つまり、オーガニック認証については農業分野（畑から原綿まで）のオーガニック・ファーミング認証と、テキスタイルの製造加工分野（紡績から製品まで）のテキスタイル認証の二つが存在する。これらの厳しい規準を潜り抜けたものが、本来はオーガニックコットンあるいは、オーガニックコットン製品と呼ばれるはずであるが、テキスタイル分野のオーガニック認証のもととなる規準はす

べて民間の規準組織が策定しており、オーガニックコスメ同様、それほど明確な規準があるわけではないというのが現状なのである。すなわち、「ミセスオーガニックさん」が「子どもの肌着やタオルはオーガニックコットンにしている」と言う時、その「オーガニックコットン」が必ずしもオーガニック認証を受けたものとは限らないということを心に留めるべきであろう。

4　食――オーガニックフード

そして、「ミセスオーガニックさん」のライフスタイルの基本であり、着ること以上に力が入っているのが、やはり食生活である。前述のように、そもそもオーガニックとは、有機農産物およびその加工食品を意味し、化学肥料を排除し、環境に配慮することを示しているのだから。有機野菜を食生活に取り入れるのは、当然のことである。

再び『VERY』の「ミセスオーガニックさん度チェック」に戻れば、食に関するチェック項目は過半数近くを占めている。「スーパーでは積極的に有機野菜、無農薬野菜を選ぶ」のはもちろん、「ドレッシングはたいてい自家製」であり、「ローフードやマクロビ[10]、手作り野菜ジュースなどに挑戦したことがある」だけでなく、「玄米ご飯を美味しく炊く自信もある」のだ。もちろん「エコサート[11]の意味を知っている」のは当然であり、「家でローズマリー、ペパーミントなどのハーブを育てて料理に使っている」「トマトやナスなどの夏野菜は自宅で毎年育てている」「田植えや野菜づくりイベントに参加したことがある」など、オーガニックな野菜を選ぶだけでなく、自ら積極的に野菜作りを行うほど、「オーガニックさん度」が増していく。ファッションに関心が高く、都市部に住んでいるはずの『VERY』読者と野菜作りは一見相反するように思えるが、「オーガニック」という言葉が媒介となって、オシャレで手軽なハーブだけでなく、より本格的なトマトやナスといった野菜作りにも目を向けるようになっているのだ。

もちろん、これは単なる「ミセスオーガニックさん度チェック」であり、あくまでも『VERY』編集部が提案する「オーガニック」なライフスタイルのイメージであるため、実際の『VERY』読者がどれほど野菜作りにいそしんでいるかは、定かではない。しかしそれは、本当に読者たちが高級《ハイ》ブランドを身に纏い、流行のレストランでランチをしているかどうかを訝るのと同じことだ。重要なのは田植えや野菜作りといった項目が『VERY』の誌面に登場することであり、都会の山の手に住む裕福な専業主婦といったイメージの『VERY』読者と田植えや野菜作りが地続きになったということである。つまり、買い物をする、ランチをする、エステに行く、お料理教室を開く、といったことと等価なものとして、野菜を作るが並ぶようになったのだ。

このように、現在の『VERY』読者には、ジョンマスターオーガニックのシャンプーで髪を洗い、オーガニックコットンの服を着て、自分で育てたオーガニックな野菜を子どもに食べさせることが求められている。エステやネイルサロンに通い、高級《ハイ》ブランドの服やバッグを身に付け、高級スーパーで買い物をするだけではもはや『VERY』読者とは言えない。少なくとも『VERY』が推奨する「ミセスオーガニックさん」ではない。そういう意味では『VERY』読者たちの美、衣、食に対する意識、そしてライフスタイルを変えた「オーガニック」の力はとてつもなく大きいと言えるだろう。

5　エコロジーとロハス

「キラキラ」のエコバッグ

オーガニックなライフスタイル、すなわちオーガニックコスメやコットン、有機食材をはじめとして、衣食住においてオーガニックなもの、自然《ナチュラル》なものを求めるライフスタイルは特に昨今始まったわけではない。例えば、作家・エッセイストの落合恵子などは、一九七六年に東京・青山に開いた絵本専門店「クレヨンハウス」において、早くから有機食材のレストラン「広場」、安全で創造力を育むおもちゃのフロア「クーヨンマーケット」、女性の本とオーガニックコスメ、グッズのフロア「ミズ・クレヨンハウス」を展開している。しかし、落合恵子の場合、そのオーガニックへの志向性は彼女の思想と分かちがたく結びついている。それは、稀代の消しゴム版画家でありエッセイストであったナンシー関が、すでに一九九〇年代に、著書『信仰の現場』（一九九七年）において「クレヨンハウス3階の秘密」として指摘している。

> 何だかこの店は全体的に甘ったるいニオイがする。観念的な話ではなく実際にニオう。そんな事はどうでもいいのだが、最初にも書いたように、この2階までは案の状であった。1階から2階へ昇って来たのと何ら変わらない階段でさらに3階へ昇った私を待っていたものとは何だったか。
>
> それは「フェミニズム」であった。フロア全体がフェミニズム。2階までの絵本はどこへ行ったのか、というぐらいフェミニズム。（ナンシー関 1997: 23）

つまり、絵本、有機食材、おもちゃ、オーガニックコスメ、雑貨などからなるクレヨンハウスは単に商品を売る店ではなく、落合恵子の活動拠点であり、彼女の思想を体現しているのである[12]。とりわけ、女性の本とオーガニックコスメ、グッズのフロアである「ミズ・クレヨンハウス」がその真骨頂だとナンシーは述べている。

> このフェミニズムのフロアは、「ミズ・クレヨンハウス」つうんだよ。
>
> 「ミズ・クレヨンハウスへようこそ。わたしたちひとりひとりが、自分を生きるHertoryの主人公——どうのこうの以下省略」（ナンシー関 1997: 26）

落合によれば、クレヨンハウスは「こんなものがほしい」という顧客の要望に応え、徐々に商品を増やしていったという。もちろん、クレヨンハウスでは、顧客が望む商品を売るだけでなく、反原発などの勉強会も開かれており、落合自身が中心となって、総合保育雑誌『月刊クーヨン』や生活雑誌『いいね』なども発行している。まさにクレヨンハウス自体が情報発信メディアなのである。よって、クレヨンハウスのそういった位置づけを前提にした有機食材へのこだわりであり、オーガニックコスメへのこだわりであることを心に留めるべきである。「わたしたちひとりひとりが、自分を生きるHertoryの主人公」であるために必要なのが、オーガニック志向なのだとも言えるだろう。「いまの40代くらいまでの人たちは、同調圧力ばかりが強くて、常に空気を読んでいます。空気は吸うものなのに[13]」という彼女は、自分流を貫くためにオーガニックにこだわったクレヨンハウスという活動拠点をつくったのだ。

やはり、それは「オシャレな人ほど今、気持ちはオーガニック！」という理由で、つい最近「ミセスオーガニックさん」になった『VERY』読者の「オーガニック」志向とは異なるものであろう。

ではなぜ、『VERY』読者の意識が「オーガニック」に向かうようになったのか。『VERY』が「ミセスオーガニックさん」を提唱するから、がんばりすぎないナチュラルなファッションやライフスタイルが流行しているからという答えがすぐに挙がってくるかもしれない。しかし、『VERY』のような読者モデル起用型の雑誌は、雑誌が一方的に流行や価値観を押し付けるのではなく、読者アンケートを重視し、読者になるべく寄り添ったファッションやライフスタイルを提案するという編集方針を採っている。読者の中に「オーガニック」志向が芽生え、かなり目立つようになったからこそ、満を持して二〇一一年五月号で、「都会っぽいのにナチュラルな人たちが増えていますミセスオーガニックさんって誰なんだ⁉」という特集を組んだのである。

ここで先程の問いに立ち返ろう。なぜ、『VERY』読者は「オーガニック」志向になったのだろうか。なぜ、「ミセスオーガニックさん」が読者の主流となったのだろうか。『VERY』という枠組みを取り払い、世の中全体の流れに照らし合わせてみれば、「ミセスオーガニックさん」出現の下地として、次の二つの傾向が挙げられるだろう。一つは、環境問題への関心の高まり、エコロジー意識の高まりである。

『VERY』の「ミセスオーガニックさん度チェック」におけるエコロジー関連の項目としては、「自家用車はプリウス」「子供服やおもちゃなど、リサイクルできるものはなるべくしている」程度であるが、やはり『VERY』読者がBMWやプジョーではなく、プリウス（セカンドカーであるにしても）を選択するようになったことは注目に値する。プリウスとは言わずと知れた、トヨタが一九九七年から製造・販売を開始した世界初の量産ハイブリット専用車である。「人と地球にとって快適であること」をコンセプトに開発され、同年の日本カー・オブ・ザ・イヤーにも選ばれ、もはやエコカーの代名詞になっている。エコカーとは、eco + car からなる和製英語であり、「二酸化炭素（CO_2）や窒素酸化物（NOx）などの排出量が少なく、燃費もよい自動車。環境対応車ともいう。エコロジー（環境）とエコノミー（節約）の性格をあわせもつため、エコカーと呼ばれる。エンジンとモーターの両方を動力源とするハイブリッド車のほか、電気自動車、燃料電池車などの総称でもある」[14]。つまり、プリウスの出現以降、車という記号に今までとは異なる選択肢が誕生したのだ。ステイタスか否か、ブランドか否かではなく、環境に配慮し、エコロジー意識が高いかどうかを示す一つの記号として車が機能するようになったのである。つまり、いちばん手っ取り早く「オーガニックさん」であることをアピールすることができる手段であると言えるだろう。

環境問題そのものは、一九八〇年代の後半から異常気象という形をとって、人々を脅かすようになっていった。一九九〇年には「気象観測史上（はじめての……）」という言葉が気象予報番組で数多く使われたことから、第七回新語・流行語大賞の特別部門「年間多発語句賞」[15]を受賞するという出来事があった。それだけこの年は一年を通して異常気象の連続であったことを示している。そのため、気象予報番組では「気象観測史上はじめての」とか「測候所開設以来の」という枕言葉が多用されたのである。温暖化、オゾン層の破壊、酸性雨など、地球の機能全体に狂いが生じてきているのではないか、と人々にエコロジーを考えるきっかけを与えたのであった。

人々の環境問題への関心は、一九九〇年代を通して高まり続けた。環境によいことをしなければ、人と地球に快適なことをしなければという意識が多くの人々をエコカーという選択に導いていったのである。そのような中で、エコカーほど大きな選択ではなくても、日常的に行える環境にやさしいエコロジーな行為として、リサイクル&リユースがクローズアップされるようになった。とりわけスーパーやコンビニのビニール袋（レジ袋）を使用せずに、持参した袋を使用する傾向が目立つようになったのである。この袋はエコバッグと呼ばれるようになり、やがてはエコバッグを持つこと自体が流行するまでに発展した。まずは、軽量で折りたためるさまざまなエコバッグが登場するようになった。次いで、ファッション性の高いエコバッグも次々と発売されるようになっていく。九〇年代以降に台頭した宝島社の雑誌の付録においても、エコバッグは最もポピュラーな付録として定番化された(16)。そのような中で、とりわけ、有名スーパーや食料品店のオリジナルエコバッグを持つことは、一種のステイタスとしてさえ、捉えられるようになった。高級スーパーとして知られる紀伊国屋のエコバッグや同じく高級食材を扱うニューヨーク発のディーン&デルーカのトートバッグなどがそうである。

エコバッグを持つこと自体がエコロジーな行為であることに加えて、高級スーパーや高級食材店で買い物をすることは、食に対しての意識が高いことの証明でもある。もちろんそれらのお店は有機食材をはじめとする上質な食材を扱っているからだ。

その結果、エコバッグを持つことが独り歩きするという事態も起こるようになった。二〇一一年に出版された『遠足型消費の時代』において、ライターの中沢明子はディーン&デルーカのバッグについて次のように述べている。

実は、このトートバッグは、この本で説明したい「消費」を象徴する商品であり、おそらくもっともポピュラーな商品です。試しに、今もしこの本を街中で読んでくださっているなら、あたりの「女こども」をさりげなく見渡してみてください。

“DEAN&DELUCA”という文字の入った布製のバッグを持っている人が、かなりの確率で見つかると思います。カラーは白や赤や黒など、バリエーション豊富ですが、ビシッと真ん中に入ったロゴは共通です。（中沢・古市 2011: 10）

二〇〇二年に日本進出を果たしたディーン&デルーカはファッショナブルな高級食材店として、主に二〇代〜四〇代の女性たちに認識されており、首都圏を中心に関西や九州など現在では二八店(17)を展開している。

初めて店内に入ったら、そのキラキラ具合に、ポ〜っとなるでしょう。サラダもクッキーもパスタもディーン&デルーカに並んでいると、とんでもなく「キラキラ」した特別な食品のように見えてしまいます。（中沢・古市 2011: 10）

中沢はディーン&デルーカの魅力を説明したうえでキラキラしたショップのエコバッグを持つことが、日常の中に「キラキラ」感をもたらす、「キラキラ消費」であるという持論を展開する。

“DEAN&DELUCA”というロゴが入ったトートバッグを持つと、たとえ、そのバッグの中にディーン&デルーカの食材は入っていなくても、気分がちょっぴり高揚するんです。女性誌で流

行っている用語であえて表現すれば、「気分があがる」ってやつです。(中沢・古市 2011: 31)

このように、エコロジー意識が高いからエコバッグを持つのではなく、エコバッグがファッショナブルだから、キラキラしているから、という理由でそのバッグを持ちたいという本末転倒な事態が起こるようになったのである。また、「キラキラ」に惹かれてエコバッグをいくつも蒐集するエコバッグコレクターも登場するようになる。また、エコバッグの方もますますデザイン化されたり、高級《ハイ》ブランドのものもあらわれるようになり、中には、エルメスのエコバッグのように、二〇万円近くもするものまでお目見えするようになった(18)。また、毎月のように雑誌の付録として付けられるエコバッグは飽和状態であり、溜まる一方のエコバッグをどう処分するかという段階に達している。このように、改めて「エコ」とは何かを考えさせられる現在のエコバッグ事情なのである。

環境ファッションマガジンとロハス

当然のことながら、エコバッグの流行は一過性で終わってしまっては意味がない。継続的でなければならない。もっと言うならば、持続可能でなければならない。もちろん、エコバッグを持つことだけでなく、エコバッグを持つことに代表されるようなエコロジー意識そのものを持続させなければならない。そのような思いが十分に込められているのが、もう一つの傾向、「エコ」や「スローライフ」に続いて、二〇〇〇年以降にポピュラーになった「ロハス」である。

「ロハス」（LOHAS）とは、「Lifestyles of Health and Sustainability」の頭文字をとった略語で、健康と地球環境への意識の高いライフスタイルを指す用語である。もともとは、一九九〇年後半にアメリカの西部コロラド州ボルダー周辺で生まれたもので、社会学者のポール・レイ（P. H. Ray）と心理学者のシェリー・アンダーソン（S. R. Anderson）による全米一五万人を対象にした社会調査をもとに生み出されたマーケティングコンセプトであった。彼らはこの調査から、信心深い保守派（Traditionals）や民主主義と現代科学を信奉する現代主義者（Moderns）に属さない第三集団として「カルチュラル・クリエイティブ」（CC）という新しい層を導き出した（Ray and Anderson 2000）[19]。この層は、環境、人間関係、平和、社会主義といった世界的な課題や、自己実現、自己表現などに高い関心を持っており、全米で五〇〇〇万人がこのような価値観を持つとされた。この結果をもとに、エコロジー製品企業ガイアム[20]（Gaiam）の社長ジルカ・リサビ（J. Rysavy）がレイに提案し、「ロハス」というマーケティングコンセプトが生まれたのである。

日本では、二〇〇二年九月に「ロハス」を紹介する新聞記事が初めて登場した[21]。その後、雑誌が「ロハス」特集を組むなど、マスメディアが中心となり、「健康と環境を志向するライフスタイル」である「ロハス」が浸透していった。

このように、一九九〇年代後半のアメリカに誕生した「ロハス」が、二〇〇〇年代になって日本に紹介され、一つのライフスタイルとして定着しようとしている。その立役者となったのが、一九九九年に木楽舎より創刊された『ソトコト』という月刊誌である。『ソトコト』は「ソーシャル＆

エコマガジン」を標榜し、自然社会との関わりから生まれる豊かなライフスタイルをさまざまな観点から提案している。創刊当初より「水と空気を汚さない国、北欧」（一九九九年一〇月号）「ファーストフードよりスローフードだ。」（二〇〇〇年五月号）「プリウスを裸にする」（二〇〇〇年七月号）というように、エコやスローライフに関するトピックを数多く取り上げてきた。『ソトコト』で「ロハス」が初めて特集されたのは二〇〇四年四月号の「LOHASな暮らし。心も体も気持ちいい。」である。これ以降、「実践版・北欧流、ロハスな家づくり。」（二〇〇四年一一月号）「ロハス大予言2005!」（二〇〇五年一月号）「創刊6周年記念特大号2　ザ・ベスト・オブ・ロハスデザイン」（二〇〇五年七月号）「ロハス的生活１００のヒント！」（二〇〇五年八月号）という具合に、「ロハス」のオンパレードとなり、二〇〇七年頃までは毎号のように「ロハス」の文字が表紙に大きく登場するようになった。「ロハスピープルのための快適生活マガジン」をキャッチフレーズに掲げ、「ロハス」という言葉や「ロハス」というコンセプトを具体的に広めたのは『ソトコト』の功績であると言ってよいだろう。

『ソトコト』（SOTOKOTO）とは、アフリカのバントゥー系民族の言葉で「木の下」や「木陰」を意味し、「『ソトコト』というもう一つの木陰で、地球環境や私たちの暮らしについて議論しあい、未来につながるいい知恵を生み出そう。そして、それを愉快に伝えていきたい。(22)」というメッセージが込められている。まさに、環境や「ロハス」について語り合い、伝え合い、実践していこうという非常に啓蒙的かつ思想的な雑誌なのだ。しかし、『ソトコト』が長続きしている理由の一つは、ろうか。

このように啓蒙的かつ思想的でありながらも、ファッションを謳っていたことにあるのではないだろうか。

『ソトコト』は1999年、世界初の「環境ファッションマガジン」として創刊しました。ホームページには「地球と仲良くし、楽しく生きていくためのライフスタイルを探り、提案していくことをコンセプトに」した「ロハスピープルのための快適生活マガジン」とあります。毎月10万部を発行しています。（森ノオト『ソトコト』編集長・指出一正さん　ローカルメディア講座リポートその3より http://morinooto.jp/2016/11/29/localmedia3/　二〇一七年一〇月三日最終アクセス）

そう、なんと『ソトコト』は世界初の「環境ファッションマガジン」を掲げていたのである。二〇〇〇年代の初め、まだ環境問題とファッションは最も遠いところに位置すると思われていた時代に、『ソトコト』は、その二つを「ロハス」という言葉のもとに融合させ、「環境ファッションマガジン」というスタイルで具体的に示したのである。何度か繰り返された特集「ザ・ベスト・オブ・ロハスデザイン」などはその典型であろう。おかげで、「ロハス」という言葉はもちろん、「ロハス」的なライフスタイルは、視覚化され、カタログ化され、ファッショナブルな最先端のライフスタイルとして日本で浸透していくようになったのだ。

例えば、「創刊6周年記念特大号1　ルイ・ヴィトンの環境宣言。」（二〇〇五年六月号）では、通常はブラウンのルイ・ヴィトンのモノグラムを、エコをイメージするグリーンに変えて表紙に使用し、「環境ファッションマガジン」であることを可視化させた。

環境問題とファッションを違和感なく融合させるために「ロハス」というライフスタイルは最適であった。もともと、「ロハス」という言葉がマーケティングコンセプトであったことを思い起こせばよい。そう考えれば、ファッション誌を彷彿とさせる「世界のエコセレブ101人」（二〇〇七年六月号）などという特集も腑に落ちるだろう。

創刊から二〇年近くの時を経た現在の『ソトコト』では、「ロハス」だけに留まらず、より広範囲な食文化や地方移住・地域コミュニティといったテーマや最近の書店ブームに至るまで、幅広い題材が扱われている。例えば、二〇一六年一二月号の特集テーマは「本と、本が作る場所」であった。

「ロハス」全盛の二〇〇〇年代半ばは、「環境ファッションマガジン」を意識した、スタイリッシュで洗練された誌面作りが特徴的であったが、現在は、よりナチュラルな雰囲気を醸し出しており、ファッション誌における頑張りすぎない「エフォートレス」な感覚に呼応しているようだ。(23) あくまでもファッションに敏感な『ソトコト』なのである。

近年は以前のように「ロハス」という言葉を特集の前面に掲げることもなくなった。代わって、「ソーシャル」「地方」「コミュニティ」などがキーワードとして頻出している。(24) それだけ、「ロハス」をことさら啓蒙しなくてもすでに広く認知され、そのライフスタイルが浸透したことをあらわしていると同時に、最先端のライフスタイル、流行《ファッション》としての「ロハス」ブームはもはや終わりを告げたことをあらわしているのだろう。

このように、二〇〇〇年以降を中心とした社会における環境問題への関心やエコロジー意識の高まり、そして環境ファッションマガジンを中心とした「ロハス」ブームが、『VERY』のようなサイレントマジョリティの主婦層が読むファッション誌においても「オーガニック」志向をもたらしたのである。つまり、二〇一一年に「ミセスオーガニックさん」を出現させるに至ったのである。もちろん、二〇一一年とは言うまでもなく東日本大震災が起こった年である。『VERY』に「ミセスオーガニックさん」が出現したのは、二〇一一年五月号、すなわち実質的には震災直後の号（二〇一一年四月七日発売）ということになる。つまり、二〇〇〇年頃から『VERY』読者の中にも芽生えつつあった、環境問題やエコロジーへの意識、そして「ロハス」なライフスタイルへの関心が、震災を契機に一気に噴き出したというようにも理解できるだろう。また、逆に言えば、震災直後という状況の中でもファッション誌を継続させていくためには、「ミセスオーガニックさん」にならざるを得なかったということである。

6　なんとなく、エシカル

ここまでは、ファッション誌『VERY』を中心としたオーガニックブーム、その流れを後押ししたエコロジー意識の高まりと「ロハス」というライフスタイルの広がりを見てきた。オーガニックシャンプーで髪を洗い、自分で作ったオーガニックな野菜を食べ、オーガニックコットンの服を身に纏う。買い物にはエコバッグを持ってプリウスで出かける。身体にやさしく、環境にやさしく、持続可能なライフスタイル。なぜ、それが、「最先端」のライフスタイルとなったのだろうか。

もちろん、一九八〇年代から九〇年代初めの高度消費社会における消費に対する反動が指摘できるだろう。環境問題や資源問題に配慮しなければ、立ちゆかなくなる、持続可能な生活はできなくなるという思いがあるだろう。しかし、それと同時に「エコ」「スローライフ」「オーガニック」「ロハス」これらの背後には、環境に配慮している、という錦の御旗が存在するのではないか。

つまり、私はただやみくもに欲望の赴くままに消費しているわけではない。常に、身体にやさしいか、環境にやさしいか、持続可能かを配慮している。その基準に適っているからこそ、その商品（モノ）を選択し、消費しているのだ。つまり、私の行いは「正しい」のだという意識である。それは、消費にまつわる罪悪感を上手く取り除いてくれる。

正しい――つまりそれは倫理的に正しいということである。この場合の「正しい」はポリティカリーコレクト(25)（政治的に正しい）というよりも、エシカル（道徳、倫理上）に相当するだろう。エシカルファッションという言葉は日本でも、二〇一〇年代に入ってから頻繁に使われるようになってきている。エシカルファッションとは、狭義では良識に適って生産、流通されているファッションを指しており、例えば、海外セレブも愛用するというオーガニックコットンのエコバッグ「FEED」などが代表的である。「FEED」は元アメリカ大統領の姪であるローレン・ブッシュが、世界中のお腹をすかせている子どもたちに給食を届けるために設立したバッグブランドである。バッグにデザインされている数字は、それぞれバッグ一つで寄付できる人数を示している(26)。

このように、デザインや機能性だけで選んでいるのではなく、このバッグを買うことがお腹をすかせている子どもたちに給食を贈る資金になるという意義が、エシカルファッションの最大の「売り」である。

エシカルなファッションアイテムは、商品を購入する消費者の側にも、ショッピングを通した良識の表現者という立場を与える。だから、消費に意義を求める人たちからは、望ましい消費スタイルと認められつつある。「いい事をした」という納得感まで一緒に得られる点で、消費者の満足度が高く、有力ブランドもその効果に注目し始めた。(Fashionsnap.com「エシカルファッション」「フェアトレード」って何? http://www.fashionsnap.com/inside/ethical-fairtrade/ 二〇一七年一〇月五日最終アクセス)

ゆえに、著名なブランドやデザイナーたちも、エシカルファッションを提案し始めるようになった(27)。例えば、デザイナーのヴィヴィアン・ウエストウッドは、オーガニック素材やリサイクル素材を利用してバッグを制作するだけでなく、アフリカの極貧状況にある女性たちにハンドメイドのバッグを製作する仕事を提供することで、支援を行っている。この「アフリカバッグ」によって、南アフリカの先住民が安定した収入を得ることができ、単に寄付をするチャリティとは異なる社会貢献の仕組みが取り入れられている。このように近年は、生産や流通のプロセスに支援対象を巻き込むことで、継続的な支援体制が期待できるようなアプローチが広まってきている。エシカルな貿易であるフェアトレード（Fair Trade 公正な貿易）がその代表的なものである。フェアトレードは、発展途上国の生産者が経済的に自立できるよう、貿易を通して支援する取り組みを指しており、産地の人々や自然を搾取するような暴利をむさぼる取引ではなく、公正な価格での取引を目指している。フェアトレードが台頭してきた背景には、発展途上国の人々を搾取してきたファストファッションへの反動がある。フェアトレードの商品を購入することは、発展途上国で暮らす人たちの働く機会や、安定した収入につながるので、消費者の側はショッピングを通じて遠い国・地域に社会貢献できる満足感が得られる点で意義深いと言える。

ファッション分野でのフェアトレードを成功させている代表的なブランドとしては、ピープルツリーが挙げられる（渡辺 2010）。社会起業家のサフィア・ミニーが日本で立ち上げたこのブランドは、今や女優エマ・ワトソンもクリエイティブ・アドバイザーとして協力するなど、世界に広まっている。

ピープルツリーはフェアトレードカンパニー株式会社のフェアトレード専門ブランド。フェアトレード・ファッションの世界的パイオニアであり、エシカルで地球環境にやさしく、サステナブル（持続的可能）なファッションを、20年以上に渡ってつくり続けています。

フェアトレードはビジネスの方法の一つですが、経済途上国の人たちにとっては、フェアな市場に参加できることにより労働環境や仕事の機会を生み出すというとても大きな意味を持ちます。アジア、アフリカ、南米の13ヵ国約150団体と共に、オーガニックコットンをはじめとする衣料品やアクセサリー、食品、雑貨など、できるだけその地方で採れる自然素材を用いた手仕事による商品を企画開発・販売しています。

私たちは、手仕事を活かすことで、途上国の経済的・社会的に立場の弱い人びとに収入の機会を提供し、公正な価格の支払いやデザイン・技術研修の支援、継続的な注文を通じて、環境にやさしい持続可能な生産を支えています。（ピープルツリーHPより http://www.peopletree.co.jp/index.html　二〇一七年六月五日最終アクセス）

このように、明確な理念を持って、「エシカルで地球環境にやさしく、サステナブル（持続的可能）なファッション」をつくり続けるピープルツリーであるが、ピープルツリーを選んで着ることは、消費者にどのような意識をもたらすのだろうか。もちろん、「私はエシカルで、地球環境にやさしく、サステナブルな消費を行う人間である」という立場表明となることは、間違いない。ショッピングを通した良識の表現者。それがエシカルファッションの最大の特徴なのだから。「エシカルファッションもフェアトレード商品もおしゃれに人格や見識をまとわせてくれる点で、見た目とは別次元の価値を持つ[28]」のである。

ピープルツリーは、お客様に「ファストファッションを選ばないお買いもの」方法として、「フェアトレード・アイテムのお買いもの」を提案しています。

ファストファッション業界は服やアクセサリーを驚くほど安く販売しています。それは「安い商品を買いたい」というお客さまの飽くなき需要に支えられているため、ビジネスとしては成立しています。しかし、服をつくる人たちの労働環境や、児童労働、環境汚染や地球温暖化に多大な悪影響を与えています。（ピープルツリーHPより http://www.peopletree.co.jp/index.html 二〇一七年六月五日最終アクセス）

確かにピープルツリーが言うように、ファストファッションの裏側にはさまざまな弊害がある。二〇一三年にバングラデシュで起こった「ラナ・プラザ」崩落事故[29]などによってその問題が明るみに出ることとなった。よって、悪影響をもたらすファストファッションではなく、ピープルツリーのようなエシカルファッションがますます推奨されるようになる。何しろ「ピープルツリーでの買いものは、エシカルでフェアトレード、サステナブルな行動であったことを確実に証明します」というのだから。ピープルツリーの製品を選び消費することは、買った商品以上の付加価値を与えてくれる。ファストファッションのような「誤った」消費ではなく、高級《ハイ》ブランドのような浪費でもない。それは、消費にまつわる負のイメージを完全に払拭すると同時に、「おしゃれに人格や見識をまとわせてくれ」る。たとえそれが虚栄心から出たものであっても、社会貢献に変えてくれる魔法のエシカルなファッションほど「意識の高い私」を演出するのに相応しいものはないだろう。それこそが、「正しい」消費――エシカルファッションの真骨頂である。

　こういった「高い意識」に支えられ、エシカルファッションは二〇一〇年代に入ってから、広がりを見せている。ピープルツリーはいっそう支持され、伊勢丹などの百貨店もエシカルファッションを積極的に提案するようになっている[30]。

　エシカルファッションはもはや特別なものではなくなってきているのである。負の消費から正の消費へ。もはや「正しい」消費への志向は、「意識の高い」ピープルツリー愛好者だけのものではない。

　フェアトレードに裏打ちされたピープルツリーほどサステナブルでエシカルではないかもしれないが、『VERY』の「ミセスオーガニックさん」のオーガニックも、『ソトコト』読者の「ロハス」なライフスタイルもその根底にあるものは、「正しい」（エシカルな）消費への志向ではないか。つまりそれらは広い意味でのエシカルファッションなのではないか。なんとなく、地球環境にやさしい、なんとなく、身体にやさしい、なんとなく、エシカル。

今から三〇年以上前の一九八〇年代初頭、人々はなんとなく、「気分がいい」という理由で躊躇わずに消費を行っていた。

同じものを買うのなら、気分がいい方を選んでみたかった。主体性がないわけではない。別にどちらでもよいのでもない。選ぶ方は最初から決まっていた。ただ肩ひじ張って選ぶことをしたくないだけだった。無意識のうちになんとなく気分のいい方を選んでみると、今の私の生活になっていた。（田中 2013: 58, 60）

そして、「なんとなく、気分がよいものを、買ったり、着たり、食べたりする。そして、なんとなく気分のよい音楽を聴いて、なんとなく気分のよいところへ散歩しに行ったり、遊びに行ったりする。」（田中 2013: 222）という「なんとなく気分のいい、クリスタルな生き方」（田中 2013: 222）は高度消費社会における記号的消費として一九八〇年代という時代を象徴していたのだ。

二〇一〇年代の現在、そのような「なんとなく気分のいい、クリスタルな生き方」はもはや完全に消え失せたのだろうか。「クリスタルなもの」を志向する消費はすっかり消滅したのだろうか。

人々のクリスタルなもの、キラキラするものを求める心が全くなくなったというわけではないだろう。それは、ディーン&デルーカのバッグのように現代における「キラキラ消費」として、存続している。ただ、ディーン&デルーカのバッグはただのバッグではない。あくまでもエコバッグである。ジョンマスターズオーガニックのシャンプーもただのシャンプーではない。オーガニックシャンプーである。現代の「キラキラ消費」は「なんとなく気分のいい、クリスタル」ではいけない。現代の「キラキラ消費」は、なんとなく、エコロジー、なんとなく、オーガニック、なんとなく、エシカルでなければならない。同じものを買うのなら、エシカルな方を選んでみたかった。無意識のうちになんとなくエシカルな方を選んでみると、今の私の生活になっていたのが「ミセスオーガニックさん」なのである。

なんとなく気分がいいものを求める「なんとなく、クリスタル」から三〇年。人々は、なんとなく正しいものを求める「なんとなく、エシカル」へと移り変わろうとしている。その姿は、田中康夫による『なんとなく、クリスタル』の続編である『33年後のなんとなく、クリスタル』にもあらわされている。『なんとなく、クリスタル』の主人公だった女子大生でモデルの由利は、三三年後に次のような発言をするのだ。

「眼鏡を届けるの。アフリカの人たちに」

一拍おいて、続けた。

「ささやかだけど、大切な社会貢献」
「社会貢献？」
それは誰もが否定しにくい四字熟語だけれど、なんだか由利っぽくないよ、その言い回し。
僕はどう応じたらいいのかな。（田中 2014: 149）

なんとなく気分がいいという理由でクリスタルな生活を送っていた由利が、三三年後には社会貢献のためにアフリカに眼鏡を届ける仕事に就いている。それこそ、「なんとなく、クリスタル」から「なんとなく、エシカル」への移り変わりを如実に示しているのではないか。

モデル兼女子大生だった当時の由利はまさにＪＪガールの代表的な存在であった。つまり、光文社の『ＪＪ』を体現し、卒業後は『CLASSY』『VERY』『STORY』が提唱する、結婚すれば新専業主婦として幸せなマダムになるようなライフコースを歩む女性として描かれていた。

一〇年後の未来を想像して、〈三〇代になった時、シャネルのスーツが似合う雰囲気をもった女性になりたい〉（田中 2013: 222）と無邪気に語っていた由利は、まさか五〇代になった自分が「社会貢献」に積極的に関わるとは思ってもいなかったに違いない。

しかし、『VERY』読者が「ミセスオーガニックさん」になったように、由利ですら、「なんだか由利っぽくない」四字熟語「社会貢献」を口にする「なんとなく、エシカル」な時代が到来したのである。このように「なんとなく、エシカル」は無意識のうちに私たちの身の回りに溢れるようになったのだ。
次章からは、衣食住のあらゆる面に広がる「なんとなく、エシカル」な現象を具体的に取り上げてみることにしよう。

注

（1）二〇〇六年の改正ＪＡＳ法施行時は、正式には「農林物資の規格化及び品質表示の適正化に関する法律の一部を改正する法律」であったが、二〇一五年四月の食品表示法の施行に伴い、ＪＡＳ法の食品表示に関する規定が食品表示法に移管されるとともに、ＪＡＳ法の名前が「農林物資の規格化等に関する法律」に変更となった。
（2）現在は「Mrs. オーガニックさんのおつかいモノ」というタイトルで季節ごとの「おつかいモノ」を紹介する連載記事が継続中である。「ミセスオーガニックさん」の表記が「Mrs. オーガニックさん」に変わっている。
（3）シロガネーゼ、アシヤレーヌとはそれぞれ白金、芦屋に住む主婦（とそのファッション）を指す。サロネーゼは自宅で料理やフラワーアレンジメントなどの教室をサロン形式で開く主婦のこと。彼女たちが創刊当時の『VERY』で読者モデルとして誌面を飾った。
（4）一九九八年度版の厚生白書で発表された、夫は仕事と家事、妻は家事と趣味的仕事という新しい性別役割分業に基づく専業主婦志向のこと。
（5）「東の伊勢丹、西の梅阪（梅田阪急）」――東西百貨店の両雄は時としてこのように称されているが、とりわけ化粧品ブランドにとっては売上げ、面積ともに最大規模の両店にテナントとして出店することがステイタスと考えられている。

（6）コーセーの名をあまり全面に出さず、ボトルも「NATURE&CO」のロゴを中心とした英字表記のみの極めてシンプルなデザインであり、「飾らない自信。」というブランドのキャッチフレーズとも呼応している。
（7）ジョンマスターズオーガニックHP「初めての方へ」より。http://www.johnmasters-select.jp/s/disp/CSfPage.jsp?pn=/jmo_concept/beginner 二〇一七年一〇月一日最終アクセス。
（8）しかしながら、二〇一七年九月、ジョンマスターズオーガニックは、自主検査の結果、自社製品に含まれる成分がすべて天然由来ではないことを公表し、その三八製品に関して自主回収を行うこととなった。対象製品の一部にシリコンなど合成成分が含まれていたという。オーガニック、天然由来を謳いながら、実はそうではなかったという事実は、ブランドイメージの低下につながり、ひいてはオーガニックブームに影響を及ぼすかもしれない。
（9）二〇一七年二月二日付日本経済新聞朝刊より。
（10）マクロビオティックの略。もともとは、第二次世界大戦前後に桜沢如一によって提唱された陰陽の理論を交えた食事法、長寿法を指す。オーガニック志向の流れにより、玄米、全粒粉を主食とし、豆、野菜、海藻類を中心とする食事法が再び注目されている。
（11）エコサート（ECOCERT）とは、フランスのトゥールーズに本拠を置く国際有機認定機関であり、一九九一年に農学者の団体によって設立された。ヨーロッパを中心として、八〇ヵ国以上の国で認証を行っている、世界最大規模の団体であり、オーガニックの世界規準とも言われている。
（12）現在は、大阪の江坂にも店がある。大阪店も一階は「オーガニック・マーケット」「有機の手づくりデリカ」コーナーがあり、フード、コスメ、コットンが販売されている。そして、二階が子どもの本、おもちゃからなる「クレヨンハウス」青山店と同じ構成になっている。
（13）二〇一七年一月二八日付日本経済新聞夕刊「落合恵子さんに聞く」より。

(14) 日本大百科全書（ニッポニカ）の解説より。

(15) 一九九四年に現在のようなトップテンが制定されるまでは、特別部門として「年間多発語句賞」のほかにも「大衆賞」「表現賞」などさまざまな賞が設けられていた。これ以外に「年間多発語句賞」を受賞した語はない。

(16) 規制緩和の流れを受けて、豪華な付録を武器に一九九〇年代に次々と創刊された宝島社のファッション誌の中でも『Sweet』は、当時人気が高かったセレクトショップ Cher とコラボレーションしたエコバッグを付けるなど話題となった。現在でもエコバッグは宝島社だけでなく、さまざまなファッション誌で頻繁に付録として登場している。

(17) 二〇一七年四月現在。マーケットストア、カフェ、ベーカリーを合わせた数。

(18) エルメスの「シルキーポップエコバッグ」は、一三センチ四方の水牛の皮からなるコンパクトなケースを開くと折りたたまれたシルクのバッグがあらわれる。使用時は、皮のケース部分が底となるが、耐久重量は三キログラムまでで、水濡れも不可である。

(19) ポール・レイとシェリー・アンダーソンの調査結果をまとめた"The Cultural Creatives: How 50 Million People Are Changing the World"（2000）によれば、二〇〇〇年の時点で保守派は全米の成人人口の二四％、現代主義者は四八％、カルチュラル・クリエイティブは二六％を占めると言う。

(20) ガイアムは米国コロラド州で設立されたヨガ・フィットネス器具、オーガニック製品の生産や販売を行う企業である。日本ではとりわけヨガマットやヨガマットケースなどヨガ関連グッズの人気が高い。

(21) 二〇〇二年九月二一日付日本経済新聞で環境カウンセラーの大和田順子がロハスを文化創造者のスタイルとして日本で初めて紹介した。

(22)『ソトコト』HP「ソトコトについて」より。http://www.sotokoto.net/jp/about/ 二〇一七年一〇月一日最終アクセス。

(23) ファッションにおける頑張りすぎないエフォートレスな感覚については第二章「ヘルシーなファッション」を参照されたい。

(24) いずれも近年の社会科学系研究の主要なトピックであり、論文や学術書から一般書まで数多く出版されている。『地方暮らしの幸福と若者』(轡田 2017)『地方にこもる若者たち――都会と田舎の間に出現した新しい社会』(阿部 2013)など。

(25) ポリティカルコレクトネス(political correctness)、PCとも表記される。人種・宗教・性別などの違いによる偏見・差別を含まない、中立的な表現や用語を用いることを指す。一九八〇年代頃から米国で、偏見・差別のない表現は政治的に妥当であるという考えのもとに使われるようになった。単に言葉の問題に留まらず、社会から偏見や差別をなくすことを意味する場合もある。

(26) 例えば、二〇一〇年に南ハイチを襲った大地震の支援のために作られたバッグには、「25」と描かれているが、この一つのバッグで二五人分の給食が南ハイチの子どもたちに提供されることを示している。

(27) 人気ブランドであるステラ・マッカートニーも早くからエシカルファッションに取り組んでいる。菜食主義で動物愛護精神を貫くデザイナーのステラ・マッカートニーはレザーやファーといった動物由来の素材を使用せず、環境や自然に配慮したクリエーションを行うことを徹底している。フェイクファーやフェイクレザーと呼ばれていた時代は、リアルファーやリアルレザーこそ高級品であり、本物という意識が強かったが、現在ではエコレザー、ファーフリーファーなどと名付けられエシカルファッションとしての新たな価値を生み出している。

(28) Fashionsnap.com http://www.fashionsnap.com/inside/ethical-fairtrade/ 二〇一七年一〇月五

日最終アクセス。

(29)　世界で二番目の衣料品輸出国となっているバングラデシュでは、二〇一三年五月に五つの縫製工場が入るビル、「ラナ・プラザ」が崩落し、一一〇〇名を超える死者を出すという惨事が起こった。「ラナ・プラザ」には、ベネトンやGAPなどファストファッションの下請け工場が入っており、劣悪な労働環境の中、低賃金で働かされていた労働者の実態がこの事故をきっかけに明らかになった。

(30)　例えば、伊勢丹新宿店では二〇一五年五月に「ISETAN ethical Fashion Week」が大々的に開催された。また、二〇一六年六月に名古屋栄三越では「世界と日本のフェアトレード～やさしくありたい私のために」という催事が、すでに二〇一三年五月には銀座三越で「rooms ×エシカルファッション」が開かれている。ここに挙げたものは、代表的なものにすぎず、二〇一三年頃から現在にかけて、エシカルファッションに関する催事は三越伊勢丹グループを中心に定期的に開催されている。

第二章　ヘルシーなファッション
——スニーカー、ランニング、グランピング

二〇一七年三月一五日、高島屋新宿店に新たなコンセプトのユニクロ店舗が誕生した。低迷する百貨店における衣料品販売の起死回生手段の一つとして、「より快適に、アクティヴに」「動き」をテーマとした、スポーツの要素を取り入れたカジュアルウェアを展開するという。新ブランドである「UNIQLO MOVE」（ユニクロムーブ）は、スポーツ競技における「動き」はもちろん、階段の上り下りなど日常生活のあらゆる「動き」にも焦点を当てた、快適さをサポートする商品を取りそろえている。新ブランドも「Life Wear」としてのユニクロの一環であり、体への負担が少ない「エアリズムパフォーマンスサポートタイツ」や吸汗速乾性の高い「ドライEX」素材を使った女性向け衣料など、「生活をよくするための服」や「新たなアクティヴスタイル」を提案している。

高島屋新宿店では、このユニクロムーブを中心に、「健康」をコンセプトとした売り場を展開しており、百貨店初登場となる自転車ウェアブランドの「レリック」や、スポーツウェアやスニーカーを扱う「エミ」(1)を揃えるなど、従来の婦人服売り場からの脱却を試みている。さらには、モノ消費からコト消費への推移を意識して、単なる物販に留まらず、空中ヨガやピラティスのレッスンを行えるスタジオも設けるなど、「健康」に関するモノとコトを融合させた空間もプロデュースしている。

また、伊勢丹新宿店においても二〇一七年五月に「WELLNESS is NEW LUXURY」と銘打った催事が行われた。一階の目立つところに設けられたイベントスペースでは、「気持ちよくてオシャレなウェア、肌に優しいスキンケア、体にいい食べものなど、心地よい暮らしに必要なもの」がモデル・SHIHO のセレクトにより提案されていた。

この高島屋のリニューアルや伊勢丹を例にとってもわかるように、消費者の百貨店離れ、衣料品への関心の低下は顕著であり(2)、それに取って代わるかのような「健康」への志向が見て取れる。実際に健康であるかどうかはともかく、健康的であること、ヘルシーであることに消費者の意識は確実に向かっている。健康志向はもちろん日本だけに限ったことではなく、世界五四ヵ国で発行されているフィットネス&ライフスタイルメディア『ウィメンズヘルス』(ハースト婦人画報社)が二〇〇七年六月にようやく立ち上がった日本はむしろ世界的な傾向の後塵を拝しているのかもしれない。

この章では、健康的、ヘルシーということが、いつからこれほど価値を持つようになったのか、なぜヘルシーでなければならないのか、とりわけファッションにおけるヘルシーな流行を取り上げることで、その背後にあるものを考えてみたい。

1　ウェディングドレスでもスニーカー――JJガールとコンバース

まずは、ファッション誌に見られるヘルシーな流行から見ていくことにしよう。近年、スニーカーが爆発的なブームとなっている。もちろん、スニーカーがブームとなるのは、今に始まったことではない。すでに一九九〇年代には、スニーカーはただの運動靴という位置づけから抜けだし、ナイキの「エアマックス」[3]に代表されるようなハイテクスニーカーのブームが起こっている。

一九九〇年代の中頃には、ナイキの「エアマックス」を履いた人物を複数の若者が徒党を組んで襲撃し強奪する通称「エアマックス狩り」も問題視されるようになった。デザインが多彩になったスニーカーの中には、人気が過熱したため需要が供給に追い付かず、異常なほどのプレミアム価格が上乗せされ、定価よりもはるかに高額で取引されるものもあらわれるようになっていたのである。

また、当時のスニーカーは、バスケットシューズである「エア・ジョーダン」[4]が大ヒットしたように、バスケットボールとの関連が深く、前述の「エアマックス狩り」と合わせて、男性を中心としたハイテクスニーカーブームであった面は否めない。

もちろん、女性の間でも一九九〇年代にスニーカーはブームとなったが、あくまでもストリートファッションの流れを汲む、カジュアルウェアに合わせることが前提であった。

しかし、今回のスニーカーブームは、一九九〇年代のスニーカーブームとは様相を異にしている。ハイテクスニーカーは影を潜め、原点回帰であるかのようなコンバース、スタンスミスなどのシンプルなスニーカーが復活していることも一つの特徴であるが、それ以上に特筆すべきなのが、今回のスニーカーブームが主に女性を中心としていること、それも一〇代、二〇代の若い女性だけではなく、三〇代、四〇代以上の女性にも広がりを見せていること、またカジュアルファッションに合わせるだけでなく、スカートやワンピース、ドレスなど従来、スニーカーとは相性が悪いと考えられていたスタイルにまで合わせられていることである。

以下、「女らしい」コンサバティブなスタイルが特徴的なファッション誌『ＪＪ』を分析することによって、今回のスニーカーブームの特徴について具体的に示していこう。

一九七五年に創刊された『ＪＪ』は、二〇代女性をターゲットとしたファッション誌である。創刊時より、その頃増加してきた女子大生に制服代わりの「お嬢さんスタイル」を提案することで、他の追随を許さず「女子大生のバイブル」として君臨してきた。いわゆる「女らしい」ファッションが特徴的な赤文字雑誌[5]の代表格であり続けてきたのである。しかし、近年の女子大生のファッション誌離れやファッション傾向の変化を受け、近年は二五歳以上の女性向けファッション誌にシフトしている。しかし基本的に「女らしい」ファッションを提案し続けていることに変わりはないはずだった。だが、その『JJ』においても、昨今はスニーカーが大ブームとなっているのである。

ここでは、二〇〇六〜二〇一六年の『JJ』の表紙を中心に分析することで、いつから誌上でスニーカーがクローズアップされるようになったのかを見ていこう。今から約一〇年前、二〇〇六年の『JJ』はまだ創刊時からの流れを汲む伝統的な「お嬢さんスタイル」を引き継いでいたと言える。見出しには、「お嬢さん春の格上げデビュー計画」（二〇〇六年四月号）「私お嬢さんになります」（二〇〇六年一〇月号）「それでお嬢さんデビューのつもり？」（二〇〇六年一一月号）という具合に、「お嬢さん」という言葉が頻出している。ファッションも華やかな色遣いのスカートやワンピースなど「女らしい」コンサバティブなスタイルであり、当然のことながら足元もスニーカーではなく、ヒールのあるパンプスが合わせられている。

しかしながら、「お嬢さん」は見出しでも次第に使われなくなり、二〇〇〇年代も終わりに近づくと、『JJ』の専属モデルではなく、当時人気を博していた吉川ひなのや梨花、平子理沙といったタレントやモデルが表紙を飾るようになる。(6) 伝統的な「お嬢さんスタイル」よりも人気モデルのガーリーなスタイルへと移行していくのだ。さらに、二〇一〇年代に入ると今度は「おしゃP」という造語が目立つようになる。二〇一〇年七月号の「おしゃPになりたい」を皮切りに、「おしゃPのそこが知りたい」（二〇一〇年八月号）「気分はおしゃP」（二〇一一年八月号）というように、かつての「お嬢さん」に代わって、「おしゃP」の花盛りである。「おしゃP」とはおしゃれプロデューサーの略で、アパレルのプレスやバイヤーなどの職に就いている女性たちや、自身のブランドを立ち上げて販売しているような流行の発信源となる読者モデルなどを指す。この頃から、プロのデザイナーやモデルや女優よりも、より身近な存在として読者モデルの影響力が増していくのである。さらに、二〇一二年になると、ブログで情報を発信する「ブロモ」(ブロガーモデル)が登場するようになる。「ブロモの時代だ」(二〇一二年二月号)という特集号では、プロのモデルではなく、「ブロモ」が表紙を飾っている。理想像がお嬢さんから人気モデル、そして「おしゃP」「ブロモ」といった読者モデルへと移り変わるにしたがって、ファッションもより読者に身近なカジュアルへと変化している。華やかな色遣いやプリント、フリルのついたワンピースなどは影を潜め、ボーダーTシャツやシンプルなシャツ、パンツなどが目立つようになってくる。

初めて表紙にスニーカーが登場したのは、二〇一三年の七月号である。見出しには「私に足りてないのは抜け感でした。」と書かれている。「抜け感」とは、「こなれ感」などと同義であり、近年のファッションにおけるキーワードである。全身を隙なくきちんとコーディネートするのではなく、どこかに「抜け感」「こなれ感」をプラスすることで、がんばりすぎない、「エフォートレス」なスタイルを作りあげることを指す。具体的には、ワンピースにハイヒールと小ぶりのハンドバッグというセオリー通りではなく、ワンピースに敢えてローヒール(フラットシューズ)や大きめのショルダーバッグやトートバッグを合わせるなど、ルールを少しはずすことで、フォーマルな雰囲気を軽減させ、肩の力の抜けた日常的な雰囲気を醸し出させるのである。その際に、スニーカーが大きな役割を果たすことは言うまでもない。

こうして、女らしいワンピースやスカートにもスニーカーを合わせるというコーディネートはすっかり市民権を得るようになった。二〇一四年の『JJ』になると、ほとんどのスタイルがスニーカーを合わせるようになっている。「抜け感」に加えて、「ゆるコーデ」なる造語も新たに誌面に登場するようになった。「ゆるコーデ」とは、もちろん「ゆるいコーディネート」を指し、セオリー通りのきちんとしたコーディネートではなく、どこかに「はずし」や「抜け感」を加味した、決まりすぎないコーディネートである。つまり、ワンピースやスカートもスニーカーを合わせることで、「ゆるコーデ」になるということだ。

二〇一六年になると、ついに表紙にスニーカーブランドであるコンバースという文字が躍るようになる。特筆すべきは二〇一六年七月号に「コンバースと一緒にNEW大人カジュアル」と題して、四〇ページにわたるコンバース・ファッション特集が組まれるという事態が起こったことだ。

特集は読者に向けた次のような文章から始まる。

コンバースと出会ったのはいつですか？　中学生のころ？　それとも20歳のころ？　気がつくとクローゼットの中に当たり前のようにあったコンバース。流行が変わっても、学生から社会人になっても、休みの日には決まって履きたくなる長年連れ添ったパートナーのような存在。ベーシックって言葉を最近よく聞くけれどコンバースこそ、私たちにとっての一番身近なアイテムなのかもしれません。自分が変わっても、変わらずそこにあるもの。足元にコンバースさえあれば、

きっと新しい一日も上手くいく。(『JJ』二〇一六年七月号)

このように「私たちが好きなスニーカーナンバーワン!」であるコンバース礼賛から特集が始まるわけだが、よく読めば、「私たち」とコンバースの出会いは一〇年前に遡るかもしれないが、「休みの日には決まって履きたくなる」存在であって、毎日のコーディネートに加えるアイテムではなかったということがわかる。あくまでも、休みの日のカジュアルウェアに合わせるスニーカーでしかなかったのだ。

しかし、そのコンバースが今や最もホットなアイテムであると『JJ』は言う。

1 おしゃれな人は始めている! 「コンバースでかっこいい女」
2 「モノトーン×コンバース」がNEWカジュアルの基本!
3 3大カジュアル服×コンバースの定番スタイルを更新!
4 コンバースの日だって、スタイルUPはあきらめない!
5 都会のNEWデートスポットに「大人コンバース」♥
6 都会派のコンバースは「モードな小物」が決め手!
7 3大キャラ別「この一足」で叶う! 理想の7大コーデ見本帳
8 この先もずっと、コンバースと一緒に……♥ (『JJ』二〇一六年七月号)

という具合に、コンバースさえ履けば、すべてが最新スタイルになるらしい。つまり、どんなファッションでも、どんなシチュエーションでもコンバースを合わせよ、それが現時点での正解だと『JJ』は述べているのだ。カジュアルなシーンで中学生の頃から履いてきたスニーカーが、何にでも合わせられる万能かつ旬のアイテムになるとは誰が予想できただろうか。

もちろんコンバースに代表されるスニーカーを特集しているのは、『JJ』だけではない。同じく光文社が発行している二〇代後半から三〇代向けの『CLASSY.』や『VERY』も『JJ』と足並みを揃えるように、フラットシューズやスニーカーを大々的にクローズアップしている。例えば、二〇一七年五月号の『VERY』では、「元ヒール派が2歳児育てに選んだ〝足元〟の結論」としてコンバースが推奨されているが、それ以外のページでもスニーカーがコーディネートの中心となっている。(7)

常に男性の目を意識し、女性らしいファッション、いわゆるモテるためのファッションを提唱し続けてきた赤文字雑誌がスニーカーを前面に押し出すようになったということ、つまり今までスニーカーに見向きもしなかった層までが、スニーカーを履くようになったことが、過去のスニーカーブームとの決定的な違いではなかろうか。

なぜ、赤文字雑誌の読者層までが、スニーカーを履くようになったのだろうか。もちろん、「抜け感」のあるファッション、こなれたカジュアル、がんばりすぎない「エフォートレス」な雰囲気を醸し出すのにスニーカーが最適なアイテムであるというのが、大きな理由であろう。では、なぜ彼女たちが「私に足りてないのは抜け感でした。」と二〇一三年七月号で気づくこととなったのか。彼女たちがハイヒールではなく、フラットシューズやスニーカーを手に取るようになった背景には、やはり震災の影響があるだろう。二〇一一年の東日本大震災以降、いざという時に動きやすく、歩いて自宅に帰ることのできるフラットシューズやスニーカーの価値が急上昇したのである。

加えて、二〇一五年にカンヌ映画祭で起きた、女性にハイヒールを履くことを強いることに対する女優たちの抗議(8)や、『フラットシューズ宣言』(Rochell 2014＝2015)(9)といった書籍などの影響もあり、なぜ、女性だけフォーマルな場では窮屈でストレスフルなハイヒールを履くことが課せられるのか、ということが問われるようになった。どんな時でも別にフラットシューズでかまわないのではないか、オフィスはもちろん、結婚式やカンヌ映画祭のような最もドレスアップを求められるフォーマルな場でもフラットシューズを履く自由が求められるようになってきたのだ。確かに、スニーカーに代表されるようなフラットシューズは足を締め付けることがなく、外反母趾になることもない。安定感があり、長時間履いて歩くことが可能だ。サステナブルなのである。さらには、履くだけでがんばりすぎない「エフォートレス」な雰囲気を醸し出す。それなら、もう履くしかないではないか。

こうして非の打ちどころのないスニーカーは従来、コンサバティブなファッションを好んでいた赤文字雑誌の読者までを取り込んで、かつてないブームを巻き起こす。ラグジュアリーなルブタン、マノロ(10)よりもコンフォータブルな「コンバース礼賛」時代がやってくる。たとえ、中学の時に履いたきりで大学に入ってからはすっかり忘れていたとしても、突如としてやっぱり「コンバースが最高！」となるわけである。

難点は、ハイヒールのように足が美しく見えないこと、スタイルがよく見えないことだが、それも『JJ』によればコーディネートの仕様によって「スタイルUPはあきらめ」ずに済むことができるらしい。

となれば、何も無理をしてハイヒールを履く必要はない。理に適っているスニーカーがあるのだから。スニーカーを履くことは、ファッション的にも、ジェンダー的にも、健康的にも、そしてもちろんコストパフォーマンス的にも「正しい」行いなのだ。つまり、「エシカル」なのである。もちろん、『JJ』読者は「エシカル」を意識してスニーカーを選択しているわけではない。『JJ』が推奨するから、コンバースが流行しているから、コンバースを履いているのだろう。二〇一七年七月号でも、「今っぽい服に全部似合う　レペット&コンバース大研究」[11]は続行中だ。しかしながら、彼女たちの「エフォートレス」な選択の奥底には、やはり「なんとなく、エシカル」が見え隠れする。スニーカーを履いていれば誰からも後ろ指をさされない。飾らない、がんばりすぎないオシャレをすることにより、他者から親近感を持たれ、共感される。スニーカーを履くことは「正しい」行いなのだ。こうして「なんとなく、エシカル」な選択は、空前のスニーカーブームを巻き起こしたのではないか。

多少のスタイルダウンも「なんとなく、エシカル」な選択には勝てないのである。

2 走る女は美しい

さて、すっかりスニーカーに馴染んだ女性たちが向かった先は、「ユニクロムーブ」にもあらわれているように、やはり体を動かすことであった。むろん、女性たちはずっと体を動かし続けてきた。とりわけ、一九八〇年代半ばには「フィットネス」という言葉の広がりとともに、身体を健康的に鍛えるために運動することは、「若い女性たちのあいだでの流行＝ファッション」（河原 2005: 62）となった。七〇年代末のジャズダンスやヨガから始まり、八〇年代のエアロビクスの大ブームを経て、九〇年代以降のピラティスからビリーズブートキャンプに至るまで、さまざまな「フィットネス」が流行してきたのである。[12]

しかし、純粋に「走ること」が女性の間でここまで一般的になったのは、これらフィットネスの歴史においても、比較的最近のことであり、二〇〇〇年代に入ってからである。

過去にも「走ること」のブームがなかったわけではない。第一回東京国際女子マラソンが行われた一九七九年頃には、女性たちのあいだでランニングがブームになったことがあった。しかしながら実際に競技に参加するのは、一部の女性マラソンランナーやスポーツに関心の高い人々が中心であり、多くの人々は観戦する側であった。現在のように誰もが「走ること」に気軽に参入するというような状況ではない。

しかし、今や誰もがランナーになる時代である。そのきっかけの一つとなったのが、有森裕子（一九九二年バルセロナで銀メダル、一九九六年アトランタで銅メダル）や高橋尚子（二〇〇〇年シドニーで金メダル）といったタレント性の高いメダリストたちの存在である。「業績主義と伝統的な女性規範を視覚化した『スポーツ・ヒロイン』を、メディアがさらに特別な存在にしたてあげる」（河原 1999: 103）ことによって、マラソンや女性マラソンランナーというものに対する憧れと親しみが増し、「走ること」に対しても敷居が低くなったことが挙げられるだろう。最も苛酷なスポーツに挑みながらも、おしゃれや美しさを忘れない「スポーツ・ヒロイン」の活躍が、世の女性たちを刺激したという面は否めない。とりわけ、高橋尚子がオリンピックの優勝インタビューにおいて、「とっても楽しい四二・一九五キロ（メートル）でした！」と後に「Qちゃんスマイル」と呼ばれる笑顔でコメントしたことは重要である[13]。これによって、マラソンは「苦しいもの」から「楽しいもの」へとそのイメージが大きく変化したのではないか。瀕死の状態でゴールになだれ込むのではなく、満面の笑みをたたえ両手を挙げてゴールする。「マラソンは楽しいものなのだ」――これを受けて、女性たちのマラソンへの関心はますます高まっていったのではないだろうか。

女性ファッション誌で最初に「走ること」を特集したのは、まだ月刊化される前の二〇〇五年一〇月二〇日号の『FRAU』である。『FRAU』は三〇代の女性に向けたファッション誌であり、毎号（当時は隔週刊。二〇一八年三月号をもって休刊）一つのメインテーマに沿って特集が作り上げられる。その『FRAU』で二〇〇五年に「走る女は美しい」という特集が組まれた。二〇〇五年と言えば、「スポーツ・ヒロイン」たちの登場でマラソンへの関心が高まっていたとはいえ、まだランニングは女性の趣味として認知されるところまではいっていなかった。女性向けのランニングウェアやシューズもファッショナブルとはほど遠いものだった。そんな時代に『FRAU』はいち早く特集を組んだのである。表紙には「気になるカラダも人生もきっと変わる！」という印象的な見出しが躍っている。「セレブもモデルも今みんなが走り始めている」のは、走ることで、カラダだけでなく、人生も変わるからだ、というわけだ。だから、「今すぐ手に入れよう、シューズと快感」と『FRAU』は読者を焚きつける。やはり、ここにも走ることは苦痛を伴うものではなく、快感を得るものだという価値観が見て取れる。走ることはつらいことではない。楽しいことなのだ。それもただ楽しいだけではない。走れば「人生もきっと変わる！」のである。それは、この頃同じように台頭してきた『日常に浸入する自己啓発』（牧野 2015）[14]とも共通する意識である。手帳に記すことで、掃除をすることで、片づけることで、人生が変わる！　走ることで、もっと人生が変わる！かもしれない。

『FRAU』の特集は反響を呼び、二〇〇八年にはムック本の形で『走る女は美しい』（講談社ムック）が出版された。その表紙にも、「シューズ一足で、人生だって変わっちゃう！」と書かれている。ジャズダンス、エアロビクスなど一連のフィットネスの流行と異なるのは、やはり「カラダ」と「人生」がより一直線に結びつけられていることだろう。もちろん、身体と精神に結びつけ、走ることによって、あるいは設定した目標に達するよう努力することで精神を鍛える、という考え方は今に始まったことではない。とりわけマラソンはその距離の長さ、苛酷さから人生に例えられることの多い競技である。

村上春樹のように何度もフルマラソンに参加し、走ることと書くことを関連づけて論じている作家も存在する。『走ることについて語るときに僕の語ること』（村上 2010）において村上は、「走ることは、僕がこれまでの人生の中で後天的に身につけることになった数々の習慣の中では、おそらく最も有益であり、大事な意味を持つものであった。そして二〇数年間途切れなく走り続けることによって、僕の身体と精神はおおむね良き方向に強化され形成されていったと思う。」（村上 2010: 22-23）と述べている。

このように、村上にとって、走ることと小説を書くことは連動しており、人生において表裏一体であるかのようだ。

そういう意味では小説を書くことは、フルマラソンを走るのに似ている。基本的なことを言えば、創作者にとってそのモチベーションは自らの中に静かに確実に存在するものであって、外部にかたちや基準を求めるべきではない。

走ることは僕にとって有益なエクササイズであると同時に、有益なメタファーでもあった。僕は日々走りながら、あるいはレースを積み重ねながら、達成基準のバーを少しずつ高く上げ、それをクリアすることによって、自分を高めていった。少なくとも高めようと志し、そのために

日々努めていった。（村上 2010: 25）

したがって、走る際に「自分の設定した基準に到達しているかいないか」というのが何よりも重要になってくる一方、単なる自己啓発の域を遙かに超えて、自分に打ち勝つ、己との闘いという面が強調されている。そこには、どうしてもストイックな孤高のマラソンランナーというイメージがついて回る。

とりわけマラソンは比較的最近まで女性には苛酷すぎると考えられてきた。「今ではスポーツ中継で大人気の女性のマラソンも、ほんの最近まで男性だけに許された競技だった」（伊藤 1999: 117）のだ。だからこそ、ほかのスポーツに比べて純粋に「走ること」はなかなかファッションとしては浸透しなかったのかもしれない。

しかし『FRAU』においては、マラソンの苛酷さを強調し、それを乗り越えることで自らを高めるというストイックな精神論的側面よりはむしろ、走ることで快感を得られる、さらにすべてがうまくいく、人生がうまく「走り出す」かのような言説が特徴的である。まるで「走ること」が「掃除をすること」と同じく運気をよくする開運法であるかのようだ。まさに『ウィメンズヘルス』が提唱するように、「運動とは『運を動かす。私を変える。』」ことなのである。(15) しかし、なぜ「歩くこと」でも「踊ること」でもなく、「走ること」で「運を動か」そうとするのだろうか。

ブームに先駆けて「走ること」を実践し、もちろん二〇〇五年の『FRAU』特集誌面にも「美ジヨガー」代表として登場し、さらには二〇一四年六月号の『FRAU』「新・走る女は美しい」でもインタビューを受けているモデルの長谷川理恵を例として考えてみよう。彼女はいかにして、「走る女」となったのか。

一九七三年生まれの長谷川理恵は、『CanCam』のモデルとしてデビューし、その後同じ小学館発行の『Oggi』などでモデルを続けるほかタレントとしても活動していた。そんな彼女が二〇〇二年に野菜ソムリエ（当時はベジタブル&フルーツマイスターと呼ばれていた）の資格を芸能界で初めて取得したことが話題になった。野菜ソムリエとは、野菜や果物の種類や特性、栄養、素材に合った食べ方、盛りつけ方などに精通したスペシャリストを認定する民間資格である。(16) 彼女が取得したことで、「野菜ソムリエ」は一般に認知されることとなった。

長谷川理恵が野菜ソムリエの資格を取得するきっかけとなったのが、二〇〇〇年にテレビ番組の企画で出場することになったホノルルマラソンであった。ホノルルマラソンは、一九七三年から行われている伝統ある市民マラソンであるが、観光地であるハワイで開催されることから参加者の約四割が日本人観光客である。一九八四年からはＪＡＬが協賛していることもあり、観光先でのアクティビティとして気軽に参加するマラソン初心者や未経験者も多い。マラソン経験の全くなかった長谷川も、「ハワイに行ける！」という軽い気持ちで参加したらしいが、「自分のカラダと精神をとことんまで使い切るという強烈な体験と、だからこそ返ってくる大きな喜びや達成感」はそれまでの仕事で感じたことのないものだったと言う。(17) まさに「走ることで、人生が変わる！」経験をしたのであろう。

以来、マラソンの虜になった彼女は、日常の食事や栄養バランスにも関心を持つようになり、それが高じて野菜ソムリエの資格を取るに至った。内側からも外側からも健康的に美しく。元祖「走る女は美しい」を体現するかのように、出産を経ても変わることのない走ることで鍛えたカラダを二〇一四年の『FRAU』では披露している。「走るカラダは美しい！」という見出しのもと、「肩甲骨がくっきり浮き出た背中」、「肩から二の腕にかけてのキリリとしたライン」、「しっかりと大地を捉える強さと意志を感じさせる脚」を誇示している。それはまさに「戦利品として得られる〝脱げるボディ〟」なのである。

このように、彼女にとって走ることは、「戦利品としての身体」を作り上げるために必須であった。野菜ソムリエの資格を取り、内側から身体を作り上げると同時に、走ることで外側から身体を彫琢する。走ることと野菜にこだわることは長谷川にとって同じ意味を持つ行為なのだろう。単なる食事制限を行うのではなく、ダイエット食品を摂取するのでもなく野菜を口にする。単にエステやジムに通うのではなく、女性には苛酷すぎるとされていたマラソンに挑戦する。新鮮な野菜を吟味して食べること、自らの体と向き合い走ることはともに極めて健康的である。だからこそ、「強さと意志を感じさせる」カラダを得ることができたのだと『FRAU』における長谷川の身体は雄弁に語っている。

ただ、細いだけでは健康的ではない。モデルとしてもそれは、望ましいことではない。痩せすぎたモデルへの警鐘は、二〇一五年のフランスで「痩せすぎモデル」禁止法案が可決されて以降[18]、日本にも波及してきている。長谷川のようなモデルが持てはやされるのはその象徴とも言えるだろう。

こうして長谷川理恵に代表される女性ランナーたちはここ一〇年間で増加した。長谷川だけでなく、マラソンやトライアスロンが趣味であることを公言するタレントも後を絶たない。メディアの後押しもあり、一般女性たちにとっても走ることが特別なことではなくなりつつあるのだ。それでもやはりマラソンやトライアスロンといった本格的な「走ること」に手を出すのは、ハードルが高いと感じる女性も多いだろう。でも、やっぱり少しは走ってみたい。そういったごく普通の女性に向けた、気軽に、まるでちょっとしたイベントやパーティーに参加するような気持ちで短い距離を走れるランニング、「ラン」が近年、急増しているのである。

「〇〇ラン」という名が付くものには、公園を走る気軽な「パークラン」だけでなく、白いウェアを着たランナーがカラーパウダーを浴びつつ、カラフルな色に染まってゴールする「カラーラン」[19]や「スイーツを食べながら走る「スイーツラン」「グルメラン」など、走ることももちろんだが、プラスアルファとしてのイベント性の強いものが多い。女性による女性のための大会である「ランガール★ナイト」などは、五キロメートルや一〇キロメートルの短い距離で初心者でも走りやすいうえに、アフターパーティと称してランウェアのファッションショーが開催されるなど、まさに「走ること」をテーマにしたイベントと化している。必然的にウェアも年々、ファッショナブルになってきている。ランニングウェアと言えば、従来はパンツが常識であったが、近年では「ランスカート」なるものも登場している。スカートをはいて互いのファッションを意識し合い、スイーツを食べながら、走る女性たち。それはさながら「走る女子会」といった様相を呈している。

その結果、フルマラソンまでもがこういったイベント化の流れを受けて変化しつつある。女性だけのフルマラソン大会として人気が高い、「名古屋ウィメンズマラソン」は、もともと「名古屋国際女子マラソン」と呼ばれていたが、二〇一二年に、「名古屋ウィメンズマラソン」にリニューアルされた。その際に、完走賞として女性に人気のティファニーのペンダントが用意されることとなったのである。フィニッシュゲートに続くティファニーブルーのゲートでは、タキシードを着た男性から完走者一人一人にペンダントが渡される。自らのタイムを刻印したペンダントを胸に、「美ジョガー」は明日もまた美しく走るのである。いや、走ることでますます美しくなるのである。

このように、女性には苛酷すぎて無理だと思われてきた男性的なスポーツであるマラソンまでが、ファッショナブルなスポーツイベントとして、女性たちのライフスタイルに定着してきているのだ。

美しいカラダが手に入るだけでなく、人生も変わる。シューズやウェアを手に入れるだけなら、たいしてコストもかからない。本格的なマラソンは無理でも手軽な「ラン」なら、自分の好きな距離だけ楽しく走ることができる。四二・一九五キロを極めるために、ストイックに毎日走るというよりは、自分の体や心を元気にするために、気分を高め、美しくなるために、ファッション性の高いウェアを着て、見られることを意識して走るのだ。ランイベントは、そのためにある。「美ジョガー」たちのステージとして、コミュニケーションの場として存在するのである。『FRAU』の「新・走る女は美しい」特集は、「ランとともに生き方が変わった　進化し続ける美ジョガー」と題して、「ランが大ブームを経て、女性たちのライフスタイルに定着してきた昨今、美ジョガーたちは新天地を得て、さらなる進化を遂げていた。」と結ばれている。

スニーカーそして、ランニング。今まで、ファッション誌の女子たちが最も苦手としていたことに手を出し始めた。縁が無かったことがらが次々とライフスタイルに取り込まれていく。ヘルシーなファッションを身に纏い、ヘルシーな行動をする。運を動かすために。

彼女たちのヘルシー志向は、シティガールを自称する彼女たちの行動範囲にも影響を与えている。アウトドア――それはやはり彼女たちが苦手としたことである。今までならせいぜい、日帰りのバーベキューだろうか。海や山へ出かけたとしても、スキーやスキューバダイビングというアクティビティを楽しむことや、都会と同じ仕様で作られた施設《ホテル》での滞在が目的であったはずだ。少なくとも、ほんの数年前までは、大自然を感じながらのキャンプなどもってのほかのはずだったのだ。

3　私をキャンプへ連れてって――限りなく都会的な「自然」生活

近年、グランピングなるものが注目を集めている。グランピングとは、グラマラス・キャンピング（キャンプ）の略で、自然に囲まれたロケーションの中に、贅沢で快適な宿泊施設を備えて野営することを指す。もっとも、それが野営（キャンプ）と言えるかどうかは甚だ疑問であるが。一般的には、キャンプと言えば、アウトドアで宿泊するのが基本であり、テントや寝袋など最小限の設備で行われる。食事も比較的簡素なものが多いだろう。これに対して、グランピング施設には、バスやトイレはもちろん、エアコンまで備えられており、ソファやベッドなどもホテル並みの豪華さでしつらえられている。食事も、ダッチオーブンを使用したディナーなど本格的だ。自然の中で過ごすとはいえ、限りなく自然ではない。それが、グラマラスなキャンプ、グランピングの神髄である。アウトドア気分をホテル並みの快適さで味わうスタイルと言えるだろう。二〇一〇年代に入ってから、グランピングは世界各地で富裕層を中心に流行しており、日本でも数年前からグランピングが行える施設が次々とオープンしたり、グランピングをテーマにした雑誌が創刊されるなど、グランピングがちょっとしたブームになりつつある。

二〇一五年一〇月には、日本各地で高級リゾート施設をいくつも手がけている星野リゾート[20]がプロデュースするグランピング施設「星のや富士」が山梨県富士河口湖町に誕生した。「日本初のグランピングリゾート」をキャッチフレーズにしている「星のや富士」は、まさに現在の日本におけるグランピングを牽引する存在だろう。二〇一六年七月一六日付の日本経済新聞「NIKKEIプラス1」におけるグランピング施設のランキングにおいても、東の一位に選ばれている。

HPでは、グランピングの牽引役に相応しく、その定義から星野リゾート代表の星野佳路氏による「グランピングのすすめ」まで、施設の紹介だけでなく、グランピングと新たなリゾートスタイルを提案している。

キャンプ体験の良い思い出を持つ人は沢山いますが、キャンプに行く人は少ない。思い出の中にある体験には惹かれるのですが、今キャンプに行こうとは思わない。それはキャンプにはトレードオフがあるからです。周りの自然を感じながら滞在する、野外バーベキューで食をとる、夜は火を囲んでワインや音楽を楽しむ、という時間はキャンプの醍醐味です。しかし、これらとセットに厄介なことが付いてくるのです。食事あとの片付け、火おこしとその始末、暑い寒い、雨だと最悪な体験に変化、テントの中の虫、快適でないトイレ……とネガティブな要素を考えると「キャンプのことは忘れてしまおう」となります。

私たちが挑戦しようとしているグランピングとは、『ラグジュアリーなキャンプ』。それは、キャンプの良いところを伸ばし悪いところをなくしたリゾートサービスです。星のや富士では、日本初の本格的グランピングリゾートとして思い切った設計をしています。テント地を排除したキャビン（客室）は、空調設備・バスルームを完備し快適な滞在を維持します。しかし同時に、キャビンの約三分の一の面積を屋外化し、火を楽しみながら滞在していただける空間を作りました。そしてキャンプ醍醐味のエッセンスの数々は、敷地内の斜面を登って行くと森の中に登場する「クラウドテラス」で提供されます。星のや富士では、グランピングの新たな定義を模索し進化していこうと考えています。（星のや富士ＨＰ　http://hoshinoyafuji.com/#/home　二〇一七年六月一日最終アクセス）

このように、「グランピングの新たな定義を模索し進化」することを掲げて登場した「星のや富士」には「自然の中に都会の快適空間」がこれでもかというほど持ち込まれている。眼下に河口湖を眺めることができるキャビン（客室）は、外との境界線を感じさせない造りになっている。外にいるような感覚で、空調が効いた室内で快適に過ごすことができるのだ。また、山々にうっすらとかかる雲をイメージした「クラウドテラス」では、ヨガを行ったり、音楽や映画を楽しむこともできる。もちろん、カフェとしても最適である。何よりも、「食事の準備やテント設営は不要で『アウトドアが苦手な人でも楽しめる』」[(21)]のが素晴らしい。

数々の高級リゾートを手がけてきた「星のや」の最新スタイルが、「キャンプの良いところを伸ばし悪いところをなくした」優雅に自然を満喫する「グランピング」だというわけだ。この流れを受けて、講談社からは二〇一五年九月にグランピングをテーマにした雑誌、その名も『Glamp』が創刊されるに至った。日本初のグランピング・マガジンを掲げて華々しく登場した『Glamp』創刊号には、「グランピングはラグジュアリー！」という見出しが躍っている。もちろん、創刊号の特集は、オープン間近であった「星のや富士」の完全リポートである。さらに、「星のや」のＨＰと同じく、グランピングの定義やその歴史、海外におけるグランピング事情にも触れたうえで、国内のグランピング施設やグランピング・グッズの紹介など、もりだくさんの内容である。「これ一冊でグランピングのすべてがわかる」と豪語しているだけに、まだ日本にはそれほど普及していないグランピングをとにかく仕掛けよう、流行らせようというマーケティング的な姿勢がひしひしと伝わってくる。創刊からほぼ一年後、二〇一六年七月発行の『Glamp』第三号になると、もはや「日本中でグランピングが始まった！」ことになっている。

日本がグランピング元年を迎えたといってもいい2016年。最新グランピング施設が相次いでオープンしています。兵庫県・三木市にはネーチャーテーマパーク「ネスタリゾート神戸」がオープン。そこには弊誌 Glamp がプロデュースしたグランピング・バーベキュー場「GLAMP BBQ PARK」もオープンしました。約750名収容の大規模BBQパークには、スタイリッシュにBBQを楽しめるキャビンや、日本初登場の200名でパーティーも可能なパーティーテント、さらにはエアコン、キッチン、トイレ、シャワールーム付きのVIPテントも登場。最新のグランピング・スタイルを楽しむことができます。この「ネスタリゾート神戸」をどこよりも早く完全リポートしました。

さらに、グランピング・スタイルを満喫できる、日本各地のリゾートホテル23を Glamp がベストセレクション。自然の素晴らしさをたっぷりと楽しんでいただきます。……まさに、日本全国のグランピングスポットを一冊にまるごと詰め込んでお届けします。（『Glamp』第三号「日本

中でグランピングが始まった！」より）

本当に『Glamp』が言うように、「日本中でグランピングが始まった！」のかどうかはともかく、少なくとも、グランピングという目新しい言葉がある程度広がりを見せ、日本各地に「ネーチャーテーマパーク」を謳う「ネスタリゾート神戸」[22]のような、グランピングをコンセプトにした新しい施設が増えつつあるのは事実だろう。では、誰がこれらの施設でグランピングを始めているのだろうか、あるいはグランピングを始めたいと思っているのだろうか。

注目すべきは、この『Glamp』という雑誌が「by Hot-Dog PRESS」であることだ。『Hot-Dog PRESS』とは、『Glamp』を発行している講談社が一九七九年に、すでに人気を得ていたマガジンハウスの『POPEYE』に対抗して[23]、主に男子大学生をターゲットに創刊したファッション誌兼情報誌である。『Hot-Dog PRESS』は、ファッションだけでなく、恋愛マニュアル、とりわけデートマニュアルとしても重宝され、バブル期には若者がクリスマスやバレンタインを特別なイベントとして過ごす傾向にいっそう拍車をかけた。クリスマスにはオシャレなレストランでフランス料理を食べ、ティファニーのペンダントをプレゼントし、都心の高級ホテルに宿泊するべし。ドライブデートでかけるべき音楽に始まりデートコースはもちろん、そこでの過ごし方から彼女が気に入る会話内容に至るまで『Hot-Dog PRESS』のマニュアルは、当時の若者の恋愛文化に多大な影響を与えたのである。

しかしながら、一時代を築いた『Hot-Dog PRESS』も、競合誌の増加や時代の変化に伴い二〇〇四年に休刊を余儀なくされた。その後、しばらくは音沙汰が無かったが、近年はかつての読者たちに向けて、紙媒体ではなく、ウェブマガジンやスマホマガジンとして情報を発信している。かつての読者たちも、もはや上は五〇代半ば、下は三〇代後半になっている。創刊時の一九七九年に大学生だった当時新人類と呼ばれた世代が、現在は五〇代半ばに達しているのだ。そんな「オヤジ」になった彼らに向けて、「OYAJI Hot-Dog PRESS」と銘打ってウェブマガジンを期間限定で公開したり、スマホマガジンとして「40オヤジの現実に向き合える本音マガジン」を復活させるという動きがあった。このことが示しているのは、四〇代、五〇代になった『Hot-Dog PRESS』読者に向けて、講談社は今でも『Hot-Dog PRESS』発の情報を発信しようと試みているということであり、『Glamp』もまた、「by Hot-Dog PRESS」と明記されていることから、かつての『Hot-Dog PRESS』読者たち、上は新人類世代から下は四十路に手が届く世代までをターゲットにしていることがわかる(24)。

つまり、二〇年から三〇年前に、『Hot-Dog PRESS』のマニュアル通りに洋服を着こなし、恋愛をした世代だからこそ、「グランピングは、ラグジュアリー！」という提案にも、「クリスマスにはティファニー」と同じように、マニュアル通り対応してくれるのではないかという期待が『Glamp』には込められているのだろう。

要するに、現在のグランピングブームを支えているのは、基本的に三〇代後半から五〇代半ばの世代であり、かつては都会で、ショッピングやパーティーやドライブを楽しんでいた、「シティライフ」を満喫していたような人々である。『Hot-Dog PRESS』のライバル誌であり、一九七六年に平凡出版（現マガジンハウス）から創刊された『POPEYE』は、まさに「Magazine for City Boys」をキャッチフレーズにしていた。アメリカ西海岸のファッションやライフスタイルをお手本にした誌面作りは、その後、一九八〇年代、九〇年代を通して、ポパイ少年を、流行や遊びに敏感な「シティボーイ」の代名詞に仕立て上げた。

その元シティボーイたちが、四〇代、五〇代になって家庭を持ち、グランピングにいそしんでいるのだ。もちろん、彼らはただのアウトドアでは満足しないだろう。ラグジュアリーでなければならないのは当然だ。ドライブデートやパーティーの延長線上にグランピングは位置づけられている。元シティボーイのアウトドアなのだから、グラマラスなキャンプでなければならないのはあたり前である。そうでなければ、彼らのパートナーである元JJガールたち、現「ミセスオーガニックさん」たちも付いて来てはくれないだろう。

グランピングとは、元シティボーイや元シティガールたちに向けた限りなく都会的な「自然」での生活である。それは、自然のネガティブな要素を排除した「ネーチャーテーマパーク」(25)の新たなアトラクションである。

こうなると、何も本当に自然のある遠くまで出かけていく必要はないかもしれない。河口湖まで行かなくても、都会でグランピング気分を味わえないだろうかというところに行き着くのも不思議ではない。そこで登場するのが、「アーバングランピング」である。もはや都心のビルにいても、グランピングを楽しむことができるのだ。二〇一六年にオープンした新宿南口の複合商業施設「NEWoMan」（ニュウマン）では、期間限定ではあるが、屋上で「アーバングランピング」を楽しむイベント「FARM TO GREEN TABLE」が開催された。

そこでは、「新宿NEWoMan屋上でアーバングランピングを体験しよう！」という触れ込みのもと、体験したいけれど、まだできていない人に向けて、会社帰りにでも気軽に味わえるグランピングを提案している。

新宿NEWoMan（ニュウマン）屋上に広がるおよそ400㎡の広大な芝生広場を会場に、都心のまっただ中にありながら、オーガニック要素を取りいれたプロによるスペシャルレシピの料理を、ゲスト自らが選択した旬の食材で彩り、ロケーションの良い屋上で賞味できる、アウトドア型アクティビティ。主役の料理は、六本木を拠点に世界中に店舗を構える『HAL YAMASHITA 東京』のエグゼクティブシェフである、ハル山下シェフによる旬な食材を使ったメニューのスペシャルパッケージになっています。（http://www.glamp.jp/newoman/　二〇一七年六月一日最終アクセス）

こうして、「アーバングランピング」はビルの屋上に居ながらにして、自然を体感できるアクティビィティとして、はたまた最先端のパーティーのスタイルとして、シャネルなど高級《ハイ》ブランドのレセプションでも行われるようになっていく。二〇一七年四月に銀座にオープンした「GINZA SIX」(ギンザシックス)にも、その傾向は見て取れる。

「GINZA SIX」[26]は「ワールドクオリティの商業施設、大規模オフィス、文化・交流施設、銀行などから構成される」地下六階、地上一三階建てのビルである。具体的には、ディオールやヴァレンティノといった高級《ハイ》ブランドの大規模店舗から蔦屋書店、草間彌生のアート、そして観世能楽堂までが集結し、「銀座らしさの継承と、新たな魅力」をテーマに、旧松坂屋が生まれ変わったのだ。そして、新しい消費の殿堂を掲げて鳴り物入りでオープンした「GINZA SIX」の屋上には、銀座エリア最大規模の約四〇〇〇平方メートルの屋上庭園「ギンザシックス　ガーデン」が作られている。地上一三階、高さ五六メートルに位置するビルの屋上は、約二二〇〇平方メートルの緑地で埋め尽くされた。都会の真ん中で楽しめる緑あふれる空間。さまざまな木々からなる森林ゾーンには桜や楓なども植えられ、四季の変化を感じることができるほか、木漏れ日が降り注ぐ回廊まである。都会でのショッピングに疲れたら、屋上に上りさえすれば、すぐに「自然」を身近に感じることができるのだ。もちろん、「自然」に癒やされるだけではない。「憩いの広場」では、随時パーティーやイベントが開催され、「NEWoMan」と同じく、「アーバングランピング」[27]を楽しむことができる。

しかし、なぜここでも「グランピング」を行わなければならないのだろうか。なぜ、アウトドア的な要素を取り入れ、「自然」を感じなければならないのだろうか。ただのパーティーやイベントではダメなのだろうか。

それは、近年盛り上がりを見せている音楽イベント、「夏フェス」「野外フェス」とも共通する感覚である。なぜ、「フェス」は「夏」の「野外」で行われなければならないのか。複数のアーティストが登場し、長時間にわたって繰り広げられる「フェス」は、都会の大規模なホールで行われるものではない。夏の野外で行われ、音楽と自然との一体感が特徴的な一大イベントとして、大人から子どもまでが楽しめるアウトドアの定番になりつつある。一九九七年から開催されている「フジロックフェスティバル」が、日本の「野外フェス」の礎を築いたと言われている。伝統ある「フジロックフェスティバル」は、当初はその名の由来にもなっている山梨県で行われていたが、九九年からは新潟県の苗場スキー場に場を移し、自然との共生をテーマに、国内最大規模のイベントとして開催されている。

さらにここ数年は、音楽だけでなく、アウトドアでの食事やキャンプを楽しむことを重視したフェスも増加している。「ニューアコースティックキャンプ」（群馬県・水上高原リゾート）や「ワンミュージックキャンプ」（兵庫県・三田アスレチック）などイベント名に「キャンプ」を掲げるものもあり、実際にキャンプを行いながら、フェスを楽しむという、むしろ音楽よりもキャンプに主眼を置いているのではないかと思われるようなフェスも目立ってきている。

以前に比べて、アンプやスピーカーなどの機材も発達し、野外でもよりダイナミックな音響を体感できるようになっているとはいえ、屋内施設での迫力にはとても及ばないだろう。しかし、「野外フェス」に参加する人は増加し続けており、ぴあ総研によると、二〇一五年のフェス全体の動員数は二三四万人と初めて二〇〇万人を突破したらしい。(28)

なぜ、フェスがこのように盛り上がりを見せているのだろうか。なぜ、普通の屋内でのコンサートではダメなのだろうか。

もともと海外の文化であるロックフェスが日本でローカライズされ、「夏フェス」が出現するようになったという現象について分析した永田夏来は「今日のフェスは、ファッションやアウトドアと共犯しながらパーティー的な要素を濃くしつつあるようにも見える」（永田 2017: 110）と指摘する。現在のフェスでは、ファッションや食やアウトドアが音楽と同じように、場合によっては音楽以上に楽しまれているのである。

永田は、その現象を「コンサートがミュージシャンを『観る』という単一目的な密度の濃さを有しているのに対し、フェスティバルはそこに『いる』という意識が共有された複合目的な空間である」という南田勝也の分析（南田 2004: 14-15）を援用して、コンサートではなく、フェスティバルであることに着目する。また、永田は「フェスに「いる」ことを支える〈女らしい〉カルチャー、例えば、フェスごはんと呼ばれる食事、夏フェスファッションと呼ばれる着こなし、場内の装飾、各種アクティビィティなどに共通する開放的で非日常的な雰囲気と、それに対応する評価」を〈場所のエクスペリエンス〉と呼んでいる。（永田 2017: 114）

確かに、〈場所のエクスペリエンス〉は、グランピングでも重視されている。「星のや富士」というエクスペリエンス、「GINZA SIX」というエクスペリエンス。体験を重視すること、それはもちろんモノ消費からコト消費への流れとも呼応している。

ホテルに宿泊する。食事をする。服を買う。それだけではない。グランピングの非日常的空間を味わうこと、そこに「いる」ことが時に宿泊や食事や買い物以上に重視される。同じように、都会のホールで音楽だけを満喫するのではない。音楽には別に詳しくなくてもよい。音楽とともに自然を味わうこと、自然と共生することがフェスの醍醐味なのだ。同様にグランピングも、単に都会で豪華な食事やパーティーやショッピングを楽しむのではない。開放的で非日常的な空間を体験しなければ、しかもそのエクスペリエンスは「自然」を感じる体験でなければならない。「自然」を味わうこと、「自然」と共生することは、グランピングの醍醐味でもある。だからこそ、たとえキャンプが苦手でも人々はグランピングに出かけていくのである。

この章では、スニーカーブーム、ランニングブーム、そしてグランピングブームを見てきた。いずれも、雑誌を中心によりいっそうの広がりを見せたブームであり、今までスニーカーを履かなかった層、走ることに関心を持っていなかった層、キャンプやアウトドアに消極的だった層が、そのブームの担い手となっていることを明らかにした。スニーカーに見向きもしなかった、どちらかと言えば避けていたJJガールが自らコンバースを毎日履き始めた。走ることが苦手だった女性たちが、女子会感覚でティファニーのペンダントを目指して走るようになった。キャンプやアウトドアが苦手な元シティボーイや元シティガールたちが、こぞってグランピングを始めるようになった。

なぜ、彼らはもともと好きではないものや苦手だったことに積極的に手を染めるようになったのか。それは、スニーカーやランニングやキャンプが健康的とされるからではないか。ヘルシーなイメージがそこに付与されるからではないか。健康的であること、ヘルシーであることは常に「正しいこと」であるとされる。スニーカーを履いて走ることを非難する人はいない。自然と触れ合うことを批判する人はいない。ランニングにのめり込んでマラソン大会に出場しても決して後ろ指を指されることはない。美容にのめり込んで美魔女コンテストに出場するのとは雲泥の差がある、と考えられている。たとえ、「戦利品としてのボディ」を手に入れるという同じ目的を掲げていたとしてもだ。こうして、「ヘルシーこそ、最強のトレンド」(『VOGUE』二〇一七年七月号)となり、「WELLNESS is NEW LUXURY」と考えられるようになっていく。

とりわけ、「運を動かす」スポーツは「正義」であり、「善」でもある。来たる東京オリンピック・パラリンピックに向けて、政府与党は、すべての国民がスポーツに携わることで健康長寿社会の実現を目指す「一億総スポーツ社会」を検討している。二〇一七年三月一日にスポーツ庁の諮問機関、スポーツ審議会が出した答申には、二〇二一年度までに、週に一度スポーツをする大人の割合を現在の四二%から六五%に増やすこと、週に一度スポーツをする障害者の割合を一九%から四〇%に増やすことなど、具体的な数値目標が明記されている[29]。

こうなると、むしろスポーツをしないことこそ非難される。ますます、スポーツをすることは「善きこと」として、国民の間に根づいていく。このような社会状況の中で、スポーツや運動に関することが、「流行」するのは、当然のことなのではないか。何しろ、スポーツに関連していれば、まるで錦の御旗のごとく、「正しいこと」になってしまうのだから。

ヘルシーなグランピングも同様である。「自然との共生」をテーマに掲げていれば、豪華な食事も、パーティーも、それほど非難されることはない。たとえ「グラマラス」であっても「キャンプ」が中和してくれるのだ。まるでファッションにおける「抜け感」や「こなれ感」のように、エシカルな雰囲気を醸し出してくれるのだ。だからこそ、元シティボーイやガールたちは、スニーカーを履いて、嬉々としてグランピングに出かけていく。

二〇年前のように、グラマラスなパーティーやイベントやショッピングに明け暮れる時代ではない。しかし、グラマラスなランニングやキャンプなら許される。健康に留意し、自然との共生を念頭に置いていれば、非難されることはない。それはエシカルなアクティビティとなり、エシカルな消費となるからだ。

こうして、なんとなく、エシカルなライフスタイルはますます広まりを見せていくのである。

注

（1）「モノ消費」は、消費者がお金を使う際に、所有に重きを置いて物品を買うことであり、「コト消費」は、所有では得られない体験や思い出、人間関係に価値を見いだして、芸術の鑑賞や旅行、習い事といったレジャーやサービスにお金を使うこと。近年では、消費者が「モノ消費」よりも

「コト消費」を重視する傾向が出てきたといわれている。（コトバンク出典「知恵蔵」より https://kotobank.jp/word/%E3%83%A2%E3%83%8E%E6%B6%88%E8%B2%BB%E3%81%A8%E3%82%B3%E3%83%88%E6%B6%88%E8%B2%BB-174846#E7.9F.A5.E6.81.B5.E8.94.B5 二〇一七年一〇月七日最終アクセス）

（2）ユニクロのフリースが話題になり、ファストファッションが広まり始めた一九九九年頃から衣服の供給量は増加しているが、逆に衣服の年間消費額を供給量で割った平均価格は大きく下がっている（工藤 2017: 209-210）。郊外型のショッピングセンターで季節ごとに消耗品感覚で低価格の衣料品を買い求める消費者の姿がこの頃から目立つようになった。

（3）ナイキが製造、販売しているランニングシューズのシリーズ。一九八七年に初代モデルが発表された。名称中の「エア」とは、同社が有するソール上のエアクッションを用いたシューズであることを意味している。一九九五年に発売された「エアマックス95」は大ヒットモデルとなり、ハイテクスニーカーブームを巻き起こした。

（4）ナイキから発売されているバスケットシューズ「エア・ジョーダン」は、NBA選手マイケル・ジョーダンとのコラボレーションモデルである。NBAやバスケットボールへの関心の高まり、マイケル・ジョーダンの人気、ストリートバスケットやストリートファッションの流行と相まって一九八〇年代後半から九〇年代にかけて大ブームを巻き起こした。

（5）一九七五年に創刊された『JJ』および、『JJ』を雛形として一九八〇年代にそれぞれ創刊された『CanCam』『ViVi』『Ray』は、いずれも大学生を対象としていただけでなく、タイトルロゴが赤い字で書かれていたことから、赤文字雑誌と呼ばれるようになった。

（6）女の子、ガール、女子を前面に掲げた『Sweet』など、一九九〇年代後半からの宝島社の「青文字雑誌」の台頭によって、その影響を受けた『JJ』も、ターゲットより上の年齢の「大人かわいい」モデルのガーリーなスタイルを掲載するようになっていくのである。

(7)「ミセスオーガニックさん」は、元ヒール派だったが、現在は基本的にスニーカー派である。しかし、スニーカーしか履かないのではなく、「ヒールとコンバース、両方に合う服が欲しい！」(『VERY』二〇一七年一〇月号）と考えている。

(8) ハイヒールを履いていなかった女性が「相応しくない」と入場を拒否されたため、それに抗議する一部の女優たちが「ハイヒール・ボイコット」を呼びかけた。これを機に、「女性の盛装靴はハイヒールなのか」という問題が論じられるようになった。

(9) ファッション・ジャーナリストのハンナ・ロシェルは、女性にハイヒールを強いる社会・価値観から自由になるために、ハイヒールを処分し、どんな時でもフラットシューズを履く自由を提唱している。

(10) クリスチャン・ルブタン、マノロ・ブラニクは、いずれも、美しいハイヒールで名を馳せた高級靴のブランドである。近年はフラットシューズも増えてきたが、依然として先の尖ったポインテッドトゥのハイヒールが中心である。

(11) レペットはバレエシューズで有名な、フランスのブランドである。もともとは、一九四七年にローズ・レペットが振り付け師の助言を受け、ダンスシューズをデザインしたことから始まった。ブリジット・バルドーが映画の中でも愛用したことから、一般に広まった。もちろん、『JJ』でもおしゃれなフラットシューズの代表的なブランドとして特集されている。

(12) フィットネスという言葉は一九八〇年代前半にファッション誌『an・an』などを中心に使用されるようになり（河原 2005)、そのことによって本来の身体を良好に保つという意味から身体をスタイリッシュに保つという意味合いが付与されるようになった。

(13) 二〇〇〇年九月二四日のシドニーオリンピック女子マラソン中継は日本時間の午前六時四五分

という早朝のスタートであったにもかかわらず、テレビ視聴率は平均視聴率四〇・六％、瞬間最高視聴率は五九・五％を記録した。これは女子マラソン史上最高視聴率となっている。それだけ多くの人々がマラソンのイメージが変わる瞬間を目の当たりにしたということであろう。

(14) 手帳術、片づけ、掃除によって人生が変わることを書いた本は枚挙に暇がない。代表的なものとしては、藤沢優月『夢をかなえる人の手帳術』（二〇〇三年）、やましたひでこ『新・片付け術「断捨離」』（二〇〇九年）、近藤麻理恵『人生がときめく片付けの魔法』（二〇一〇年）など。

(15) 二〇一七年六月に新しく立ち上げられたハースト婦人画報社による「womenshealth-jp.com」を紹介する冊子より。表紙を、スキージャンプの高梨沙羅選手が飾っている。

(16) 二〇〇一年一〇月にベジタブル＆フルーツマイスターの資格としてスタートしたが、二〇一〇年四月には、ベジタブル＆フルーツマイスターからジュニア野菜ソムリエ・野菜ソムリエ・シニア野菜ソムリエと改称されている。

(17)『FRAU』二〇一四年六月号の長谷川理恵インタビュー記事より。

(18) 二〇一七年五月にはフランスで「痩せすぎモデル」を禁止する法律が施行された。この法律によって、モデルたちは肥満度を示す体格指数（BMI）が低すぎず、健康体であることを証明する医師の診断書を提出するよう義務づけられる。この法律に違反したモデルを起用する事務所の雇用主などは、最大七万五〇〇〇ユーロ（約九三〇万円）の罰金および最大六ヵ月の禁固刑を科せられる。

(19)「世界で最もハッピーな5km ランニング！」をキャッチフレーズに二〇一一年から北米を中心に開催されるようになったカラーランだが、今やヨーロッパやアジア、オーストラリアなど世界中に広がっている。日本では、カラーパウダーを使わず、カラフルなものを身に付けるだけのこともある。

(20)「星のや」は星野リゾートが手掛ける和風テイストの高級リゾートホテルである。創業の地である軽井沢のほか、京都や沖縄、バリ島、東京などさまざまな地で「非日常感を追求した日本発のラグジュアリーホテル」を目指している。

(21) 二〇一六年七月一六日付日本経済新聞「NIKKEIプラス1」より。

(22) 兵庫県三木市にあったリゾート施設「グリーンピア三木」の跡地を買い取った延田エンタープライズが、二〇一六年七月に「グランピング」をコンセプトに生まれ変わらせた施設である。施設内は11のエリアに分かれているが、その多くはまだ完成しておらず今後順次オープンしていく予定である。

(23) 流行を牽引する『POPEYE』に対し、追随型ながらマニュアルで勝負する『Hot-Dog PRESS』は、男子大学生を中心に人気雑誌となった。とりわけ現役女子大生の恋愛観やデート事情を取材した「女のコ」特集は、デートマニュアルとして、重宝された。

(24) かつて、一時代を築いた雑誌が、往年の読者に向けて新たな情報を発信する動きは女性誌でも見られる。例えば、一九八〇年代から九〇年代の前半にかけて一〇代の少女たちに絶大な人気を誇った『Olive』を発行していたマガジンハウスは、電通と組んで「オリーブプロジェクト」をスタートさせた。雑誌『GINZA』の増刊号として「大人のオリーブ」を復活させたり、近年の『クウネル』で、パリ特集を組むなど元オリーブ少女を意識した雑誌作りを行っている。

(25) 一般的なテーマパークを特定のテーマ（特定の国の文化、物語、映画、時代）をベースに全体が演出された施設であるとするならば、ネーチャーテーマパークとはネイチャー（自然）をトータルに演出する施設である。ディズニーランドにシンデレラ城やミッキーマウスが不可欠なように、そこには森や星空が不可欠なのである。

(26) 二〇一七年四月二三日付日本経済新聞「NIKKEI The STYLE」より抜粋。

(27) 気軽にアーバングランピングを楽しむために、ここ数年、さまざまな商業施設や店舗に植物を植えたり、設置することが増えてきた。そこで注目されているのが、プラントハンターである。プラントハンターとはもともと一七世紀から二〇世紀中頃にかけて、食用、香料、薬などに使用される有用植物や、新種の観葉植物を求めて世界中を旅する人々を指していた。しかし、昨今のグランピングブームにより、植物を探し、選び、飾ることのできる人物として西畠清順のようなプラントハンターが注目を集めている。

(28) 二〇一七年五月六日付日本経済新聞「NIKKEI プラス1」より。

(29) スポーツ庁HPより。http://www.mext.go.jp/sports/b_menu/sports/mcatetop01/list/1372413.htm 二〇一七年一〇月九日最終アクセス。

第三章　インテリジェントなファッション
――本に囲まれて眠りたい

1　本がいちばん「オシャレ」な時代――行列のできる本屋さん

本が流行している。「本屋が好き」（『&プレミアム』二〇一五年三月号）「居心地のいい本屋さん」（『ブルータス』二〇一六年一二月号）「本と、本がつくる場所」（『ソトコト』二〇一六年一二月号）「本と音楽とコーヒー」（『CREA』二〇一七年九月号）――時代の先端を反映しようとする高感度な雑誌はこぞって、本や書店を特集している。最新の流行スポットは、個性的な本屋さんだ。

目当ての本があってもなくても、本のある空間は心地いい。近年、本のセレクトだけでなく、空間づくりにもこだわりが詰まった新しいスタイルの書店が次々と誕生し、訪れる人のこころをつかんでいます。日々の生活の中でふらりと立ち寄りたくなる、旅の目的地のひとつになる、そんな国内外の本屋さんと本のある空間の最新ガイドです。（『ブルータス』二〇一六年一二月号）

そんな「ふらりと立ち寄りたくなる」個性的な本屋さんには必ずと言っていいほどカフェが併設されている。また、それほど個性的でなくても、今や「本屋＋カフェ」という形態「ブックカフェ」は、すっかり浸透しており、私たちの日常に溶け込んでいるのである。

二〇一七年六月三〇日にまた一つの「ブックカフェ」が誕生した。「池袋の上質な玄関口」をキャッチフレーズに掲げる商業ビル「Esola池袋」の四階にオープンしたのは、カフェのドトールが手掛ける書店「本と珈琲　梟書茶房[1]」である。ドトール初の「ブックカフェ」として注目され、週末には「行列ができる本屋さん」となった「梟書茶房」には、三〇〇〇冊の本が並べられているが、特筆すべきなのは、販売を目的とした二〇〇〇冊の本がタイトルも表紙もわからない、シークレットな状態で置かれているということだ。著者はもちろん、それが小説なのかエッセイなのか写真集なのか、ジャンルすらわからない。客は本に付けられている「おすすめコメント」だけをたよりに、本を選び購入するのである。著者もタイトルもシークレットな本を、すすめられたから買うなんて、そんなことはありえない、と思う人がいるかもしれない。本は自分で選びたい、書店で本を選ぶのが至福の時、という人もいるだろう。しかし、それはあなたが本好き、読書好きを自認するからであって、いつもは本を読まない人、本を読むことが苦手な人、本が嫌いな人のことを念頭に置いていないのではなかろうか。本を読まない人にとっては、「読む本」を探すのは簡単なことではない。従来の大型書店のように、膨大な本の中から読むべき一冊の本を探し出すことはきわめて面倒だ。それはちょうど、服にあまり関心がない人が着る服のことで思い悩むのと同じことではないか。デパートで服を選ぶのは面倒だが、すでに厳選されているセレクトショップならば、買うべき服をそれほど悩まなくてすむ。そこで、巷間にあふれる夥しい数の服から目利きがセレクトしてくれるように、本をセレクトしてくれる店が必要になってくるのである。

「梟書茶房」の本をセレクトしているのが、神楽坂にある「かもめブックス」を手掛ける「エディトリアル・ジェットセット」(2)の柳下恭平である。「かもめブックス」とは、二〇一四年にオープンした本の校正・校閲を手がける鷗来堂が運営する書店であり、カフェやギャラリーを併設する個性的な書店として、神楽坂の新名所になっている。すでに個性派書店としての地位を確立している「かもめブックス」もまた、「本好き」のための書店ではない。

かもめブックスは、普段本を読まない人に来てもらうための書店だと考えています。音楽を聞いたり、映画を見たり、インターネットをしたり、いろいろな時間の過ごし方がありますが、読書という〝オフライン〟の時間を、かもめブックスで過ごしていただきたいですね。（http://ebook.itmedia.co.jp/ebook/articles/1412/15/news069.html　二〇一七年八月一〇日最終アクセス）

と柳下が述べるように、「普段本を読まない人」に音楽や映画やインターネットと同じように「本」というアクティビティを提案する書店と言ってよいだろう。だから、「かもめブックス」には、カフェとギャラリーが同じ空間に存在する。コーヒーを飲み、絵を観る、ついでに本も見るし、読むかもしれない。もしかしたら、本は何も読まないし、買わないかもしれない。「ブックス」とはいうものの、本が商品のすべてではない。しかし、本はそこに、その空間になくてはならない。なぜなら、そこでは本が「居心地の良さ」を醸し出しているからである。つまり、本は空間演出に欠かせないものとして存在している。図書館のような内装の「梟書茶房」も同様だ。だから『ブルータス』は特集する。「ブック&ブックストアガイド　ともに暮らす本たちを探しに！」（二〇一六年一二月号）『ソトコト』は紹介する。「注目の本が作る場所」（二〇一六年一二月号）を。

本とともに暮らしたい。本が作る場所に行きたい。その思いは、次々と新たな形態の書店を生み出している。その一つが、二〇一二年に登場した個性派書店の火付け役とも言える下北沢のB&B（3）だ。B&BとはBOOK AND BEERを指しており、ビールを飲みながら本が読める書店として、一躍有名になった。とはいえ、B&Bは、都心部から少し離れた下北沢に位置し、しかもその店舗は路上に面しているわけではなく、裏通りのわかりにくい場所の二階にある。つまり、最初からB

&Bに行くという目的意識がなければ、なかなかたどり着けないのである。それは、ビールを飲みながら本が読めるB&Bのもう一つの顔とも関係している。B&Bは、著者によるトークイベントが連日開催される場所(4)としても、つまりイベントスペースとしても機能しているのだ。本に囲まれた空間で、ビールを片手に新刊にまつわる著者のトークを聞く。それはさながら、「本のライブハウス」といった雰囲気を醸し出しており、アーティストのライブを観るためにライブハウスに出かけるように、著者によるトークライブを聞くためにわざわざ出かける「本屋さん」なのである。

さらに、もう一つのB&Bも人気が高まっている。それは、BOOK AND BED――つまりは、泊まれる本屋さんである。

ふかふかなマットレスも無ければ、
低反発の枕も無ければ、
軽く暖かな羽毛の布団も無い。
最高な環境での良い寝心地は、
ここにはありません。
あるのは、
読書をしてたら（マンガでも良いですよ）
いつの間にか夜中2時になってて、

もうあとちょっとだけって、
まぶたが重くてたまんない中も読み続けてたら、
いつの間にか寝てしまった。
そんな、誰もが一度は経験した事があるであろう
最高に幸せな「寝る瞬間」の体験です。

だから、コンセプトは泊まれる本屋。
（あ、本は売らないです。言うなればってやつです。）
「映画を観てたら寝ちゃった」とか
「友達とLINEしてたら寝ちゃった」とか、
とにかく「好きなことしてたら、うっかり寝ちゃった」って
最高の「寝る瞬間」の体験じゃないですか？
そんな「寝る瞬間」に至福の体験を用意してくれるホステルを、
本をテーマに自分たちで作ることにしました（http://bookandbedtokyo.com/tokyo/index.html
二〇一七年八月一〇日最終アクセス）

二〇一七年一〇月現在、東京（二店舗）、京都、福岡の計四店舗を展開しているBOOK AND

BEDは正確には本屋ではない。HPでも言及されているように、本は一冊も売っていないからである。あくまでもここはコンセプトとしての「泊まれる本屋」(5)であり、その実態はさまざまな本が読める、たくさんの本に囲まれたホステルである。とはいえ、一晩に読める本などたかがしれている。せいぜい数冊であろう。それならば、本当に読みたい本を買って自宅でゆっくり読めばいいではないか。その方がリーズナブルなのではないか、くつろげるではないかと考えるのは、単なる読書好きの発想である。BOOK AND BEDの最大の「セールスポイント」は、紹介文でも強調されているように、本に囲まれた空間で、本を読みながらうっかり「寝る瞬間」である。いわゆる「寝落ち」(6)という体験だ。つまり、本を買うのではなく、本を読むのでもなく、本に囲まれて眠りたい。天井まで届くぐらい本が溢れる空間に抱かれたい。しかし、本なら何でもいいわけではない。断捨離やシンプルでミニマムな「くらし」が流行する(7)昨今、厳選されていない本はバックナンバーの雑誌と同じように空間を占拠する邪魔者でしかない。ただし、きちんとセレクトされ、編集されて書棚に置かれているたくさんの本は、非日常的な空間を醸し出す。選び抜かれた本のある特別な空間。それを味わうために人はBOOK AND BEDに泊まろうとするのである。

このように、二つのB&Bは、現在の本と人との関係を象徴している。人々は、本を読みたいのではなく、本のある空間を体験したいのだ。本が作る場所を味わい、消費したいのである。

そのような傾向をいち早く感じ取ったライターの中沢明子は、二〇一七年一月に自らが企画するイベント「メディア分析ラボ(8)」で「本はインテリアになったのか?」というテーマを取り上げた。

以下は、中沢によるイベントの趣旨からの抜粋である。

ここ数年「個性的な本屋さん」と「おしゃれなライフスタイルショップ」あるいは、その両方を兼ね揃えたお店が増えているなあ、と感じていませんか？　カフェ併設のショップも多いですよね。逆にカフェの壁に写真集や難しそうな人文学書、絵本などが並んでいるケースも増えています。今回はこのあたりの「流行」について考えます。

（……）

松岡正剛さん率いる編集工学研究所が2万冊の選書を担当した、二〇一五年九月の無印良品有楽町店MUJI BOOKSのリニューアルは象徴的でした。2万冊の書籍に埋もれて肝心の無印良品の商品が見つけづらくなる、といった驚きの店舗設計で賛否両論がありましたが、ライフスタイルショップの老舗・無印良品旗艦店のあのリニューアルは、人生を豊かにする本に出合う場所の新たな創出であると同時に、本がインテリアとして空間を飾る小道具として見直されていることを雄弁に物語るものでした。

また、お酒も飲める下北沢のB&BはB&Bのお眼鏡にかなう厳選された書籍と毎日のように著者トークイベントを行う、小規模だけど個性的な本屋さんで熱烈なファンが多いことで知られています。残念ながら自著は棚にありませんでしたが、私もトークイベントをやらせていただいたことがありますし、時々、知人のトークイベントに訪れます。

（……）

さらに、本を売りにするカフェの選書をまるっとブックコーディネーターや業者に依頼するケースも増えているようです。まさに「インテリア」ですよね。私は「自分で選ぶのが楽しいんじゃないのか…」と驚くのですが、それはきっと本と人生が連携しすぎている職種だからかもしれません。(9)

ここで中沢も述べているように、近年、本にまつわることが流行しているのは紛れもない事実なのである。しかし、すでに紹介したように、本を買ったり、読んだりすることよりも、本に囲まれた空間に浸ることが流行しているのだ。決して、読書が流行しているのではない。むしろ、個性的な書店が話題となり、壁一面を本で埋め尽くすことやオブジェとしての本を丁寧に飾ること、厳選された本が並ぶ本棚を魅せることなど、本が「空間を飾る小道具」として見直され、流行していることを中沢は「インテリア」という言葉であらわそうとしているのだろう。

いったいいつ頃から、このような本の「インテリア化」が始まったのだろうか。言い換えるなら、いつ頃から行列ができるような個性的な本屋さんが登場し始めたのか。人々が本を読むよりも、本のある空間でお茶を飲み、語らい、本に囲まれて眠りたいと願うようになったのだろうか。

2　ブックテーマパークとしての蔦屋書店

本を読むよりも、本のある空間で本を眺めたり、お茶を飲んだり、おしゃべりして過ごしたい。できるなら、本と暮らしたい。そのような願いに応えた、本だけを売るのではない書店ブームの嚆矢と言えば、やはり蔦屋書店を真っ先に挙げなければならないだろう。

「代官山蔦屋書店」が誕生したのは、二〇一一年一二月のことである。この「代官山蔦屋書店」は音楽、映像ソフトのレンタルチェーン店の最大手のTSUTAYA（カルチュア・コンビニエンス・クラブ、以下CCC）が始めた新たなスタイルの「書店」として、当初から注目を集めたが、レンタル業の強みを活かした従来の書店とは全く異なる点が何よりも話題となった。

「書店」と銘打っているものの、この店にあるのは本ばかりではありません。
ジャズやクラシック、ロック&ポップスが充実した音楽フロア、
名作やDVD化されていない映像作品まで揃う映画フロア、
世界のペンがずらりと並ぶ文具コーナー、貴重なアートブックや雑誌とアートに囲まれるラウンジ「Anjin」
Book & Café のスターバックス、一つ上の品揃えが目を引くファミリーマート、

旅行の手配ができるトラベルカウンター……など、人生を深く愉しむ文化と生活をもっと楽しむアイテムがつまっています。(http://real.tsite.jp/daikanyama/floor/shop/tsutaya-books/　二〇一七年八月二〇日最終アクセス)

もちろん、音楽や映像ソフトを充実させただけなら、あのＴＳＵＴＡＹＡに書店がくっついたということだけで終わるだろう。さまざまな高級文具を並べるのも、すでに丸善などが行っていたこ(10)との焼き直しにすぎない。やはり、ＴＳＵＴＡＹＡの本屋ではなく、「蔦屋書店」となるためには、「本ばかりではない」それ以上の試みが必要だった。それが、「本のある空間」の演出であり、「本が作る場所」の創出である。そこには、ビジュアルを重視したアートブックや雑誌に囲まれたラウンジや、「ブックカフェ」が必要だった。カフェと本を結びつけ、世に浸透させたのは蔦屋書店の功績と言っても過言ではない。今や、全国各地の蔦屋書店にはスターバックス(11)が欠かせないというより、もれなく付いてくるが、「スタバを片手に本を読む」というスタイルが定着したのは、やはり蔦屋書店のおかげだろう。もはや蔦屋書店に行くことはそのままスターバックスに行くことと同義であるかのようだ。

蔦屋書店も「書店」と銘打っているが、本ばかりではないと自ら宣言しているように、その実態はむしろ書店ではない要素に支えられていると言うべきだろう。本はもちろん必要だが、本以外のものがたくさんなければならない。ＣＣＣの代表取締役兼ＣＥＯを務める増田宗昭は「書店は本を売っているから、ダメなのだ。」（増田 2014: 83）とまで言う。

顧客にとって価値があるのは、本という物体ではなく、そこに盛り込まれている「提案」なのだ。そう、売るべきなのは、その本に書かれている提案だ。それなのに、そうした点に無自覚なまま、本そのものを売ろうとするから、書店の危機などといわれる事態を招いてしまっているのではなかろうか？（増田 2014: 84）

この「提案を売る」という考えに基づき、蔦屋書店では、本は映像ソフトや雑貨や文具やさまざまな雑貨と地続きに、等価に並べられており、一見、その空間では本や読書の持つ特権性は消滅したかのように思える。そこでは、本を読むこと（眺めること）とおしゃべりをすること、音楽や映像を楽しむこと、コーヒーを飲むことが全く同じように行われているからだ。まさに「本と音楽とコーヒー」（『CREA』二〇一七年九月号）なのである。よって、本は苦手、だから日常的に本屋さんには行かない、というようなタイプの人間にも、蔦屋書店なら行ってみたい、と思わせることが可能なのだ。むしろ、いつもは本を読まない人、本を読むことが嫌いな人のために蔦屋書店は作られたと言ってよいだろう。なぜなら、蔦屋書店に行ったとしても、別に本を手に取らなくてもかまわないからである。棚に並べてあるビジュアルブックを背景に、ソファに座ってコーヒーを飲みながら友人とあるいは恋人とおしゃべりするだけでもよい。一人で仕事をするのもいい。気が向けば、本を手にとってもよい。何しろここは、書店にカフェが併設されているのではなく、カフェに書店が併設されているのだから。時には蔦屋書店の「提案」による「今、読むべき本」の中から、お気に入りの一冊を見つけて、買って帰るのもよいだろう。日頃本を買うことはほとんどないけれど、せっかく蔦屋書店に行ったのだから、たまには本を買ってみるのもいいかもしれない。意外と本って面白いみたいだし、というタイプの客にこそ蔦屋書店は支えられているのである。

それは、コーヒーが嫌いな人のためにスターバックスが存在するのと同じではないだろうか。コーヒーは飲めなくてもスターバックスなら行きたい。スタバで新作のチョコレートケーキトップフラペチーノ(12)を飲んでみたいとコーヒーを飲む習慣のない人に思わせるのとよく似ている。

実際、「本ばかりではない」蔦屋書店第一号店(13)は、代官山という立地の良さも手伝って、オープン当初から芸能人もプライベートで訪れるデートスポットとしても脚光を浴びていた。本を読まない人も、本が嫌いな人もわざわざ行きたくなる本屋さん。代官山に続き、ＪＲ大阪駅のステーションシティや京都・岡崎のロームシアター京都など、それぞれの立地を活かした集客力の高い場所に直営店を次々とオープンし、一度は行ってみたい人気のスポットとして蔦屋書店はその地位を確立していった。その最新型が、新名所となったGINZA SIXの店舗なのである。GINZA SIXの六階に位置する「銀座　蔦屋書店」は、とりわけ本を介してアートと日本文化と暮らしをつなぎ、「アートのある暮らし」を提案しているのが特徴的だ(14)。

店内には「アートを楽しむ時間が過ごせる空間」を演出するために、厳選された写真集や日本文化に関連する美しいビジュアル本が並んでいる。誰もが知る定番からめったに見つけることができないマニアックな本まで。それはさながら、アートと日本文化をテーマにした「本のテーマパーク」といった様相を呈している。中心に位置するギャラリー、カフェ、アートやクリエーションを体験できるイベントスペースといったさまざまなアトラクションが、初めて本とじっくり対峙する人をも懇切丁寧に本の世界へと誘ってくれる。

このような蔦屋書店による「本のテーマパーク」はますます増殖していくだろう。二〇一七年八月の時点では、二子玉川の「蔦屋家電」(15)も含めると、一四店をさまざまな地域に展開している。今後はさらに地方にも蔦屋書店は展開されていくと思われる。もちろんスターバックスとともに。

そんな全国に広がりつつある蔦屋書店の中でも、異色の存在とも言えるのが、蔦屋プロデュースの市立図書館(16)を併設する多賀城市の蔦屋書店である。東北初の生活提案型書店として、二〇一六年三月に鳴り物入りでオープンした蔦屋書店には、もちろんスターバックスも併設されている。

いわゆる「TSUTAYA図書館」としては、佐賀県武雄市(18)、神奈川県海老名市に続いて全国で三番目となる(17)。武雄市や海老名市では既存の建物を改装して使用していたが、多賀城市図書館は、復興のシンボル・「東北随一の文化交流拠点」として、JR多賀城駅前に蔦屋書店とともに新しく作られることとなった。よって、市立図書館でありながら、図書館に入館するには必ず蔦屋書店のフロアを通過しなければならないものの、商業ゾーンは向かって右、図書館ゾーンは左と区分けされており、一度図書館ゾーンに入れば、蔦屋書店には入らなくてもよい造りとなっている。武雄市や海老名市の図書館では、この区分が不明瞭で批判の対象となっていたが、多賀城市では敢えてはっきりと区分けすることで、公共図書館としての性格を明確にしようと試みたのであろう。「TSUTAYA図書館」の大きな特徴としては、従来の図書館にはない「ライフスタイル分類」などと呼ばれる独自の分類がある。その新たな分類法は、「代官山蔦屋書店」を展開する中で編み出され、「TSUTAYA図書館」第一号の武雄市立図書館で形作られたものだと言う。

結局、この武雄市図書館では蔵書の管理にあたって従来の十進分類法をやめ、より生活に即した22の分類を採用することにした。例えば子どものファッションを扱った本はファッションの棚に収めるべきなのか、あるいは育児書か。美しい庭の写真だけを集めた写真集はアートの棚なのか、ガーデニングの棚なのか……。内容のみに即するのではなく、その本がどういう読者に向けて作られたものなのかをきめ細かく読み取って分類していく方法で、「代官山蔦屋書店」を創る際にCCCが独自に編み出したものだ。（増田 2014: 108）

この分類についても、「本を探しづらい」「分類の基準が不明瞭」などの声が上がり批判の対象となっている。多賀城市でも、独自の分類は踏襲しているものの、分類の基本となる記号には改善が加えられている。海老名市では、著者名の頭文字を記した「著者記号」が一文字だけだったため、多数の著者が同じ分類となってしまい、本を探しにくかった。そこで、多賀城市では著者記号の頭文字を二文字に増やすといった対策がなされた。

このように、新たな公共図書館を作るにあたっては、過去の図書館における課題を反映させ、改善をはかっている「TSUTAYA図書館」ではあるが、ますます全国に広がるCCCを指定管理者とする図書館計画に対しては、各地で反対も起きている。岡山県高梁市では、二〇一六年三月一八日に建設中の市立図書館の指定管理者をCCCとする議案を可決したが、その後二〇一六年九月には「TSUTAYA図書館」の是非が市長選の争点となった(19)。

また、愛知県小牧市ではCCCなどとの新図書館計画の是非を問う住民投票が二〇一五年一〇月に実施されたところ、反対票が上回り、計画が白紙撤回されるという事態が起こった。また、山口県周南市でもCCCと新図書館建設計画が進められているが、反対する住民らの署名運動に発展した。周南市議会で二〇一六年二月に計画の是非を問う住民投票条例案が否決されるなど、物議を醸したが、結果的に二〇一八年二月のオープンを目指して準備がすすめられている。

「東北随一の文化交流拠点」を目指す多賀城市立図書館が今後、他の自治体での「TSUTAYA図書館」計画に与える影響は少なくない。二〇一七年三月の開館一周年の時点では、利用者も多く、まずは好調な滑り出しのようだ。

入居するJR仙石線多賀城駅前の再開発ビルの利用者は年間目標の120万人を超え、11日に150万人を突破。一日の平均利用者は4200人と好立地を背景に利用は伸びているが、課題も残る。

ＣＣＣが手掛けた公立図書館のうち初年度に年間利用者が１５０万人を超えたのは多賀城市のみ。書店やカフェなどが入る複合施設で単純比較はできないが、佐賀県武雄市の92万人、神奈川県海老名市69万人を上回った。

年間貸出冊数は多賀城市が約80万冊で、海老名市約69万冊、武雄市約55万冊に比べてトップ。年間貸出人数は、人口が約2倍の海老名市が約24万人なのに対し、多賀城市は約23万人と好調だった。

多賀城市の旧図書館との比較でみると、貸出人数は7倍、貸出冊数は5倍と大幅に増えている。

（二〇一七年三月二一日付　河北新報）

一日の年間利用者、貸し出し冊数ともに他の「ＴＳＵＴＡＹＡ図書館」に比べて群を抜いており、多賀城市のＴＳＵＴＡＹＡ図書館は大成功のように思われる。しかしながら、ＣＣＣが二〇一六年九月に利用者を対象にしたアンケートでは、新図書館の魅力として、「駅前」の立地を筆頭に「カフェがある」「おしゃれ」「年中無休」などが挙がった。新図書館が評価されているポイントが、本とは全く関係ないことは注視すべきであろう。さらに、アンケートの利用者の内訳は「多賀城市」が三分の一で、「仙台市」「塩釜市などの近隣市町」[20]からが三分の二を占めた。市は市民の利用率五〇％を目標に掲げているが、実際は約二〇％である。

このように、新図書館になってから利用者は増加したものの、地元よりも、近郊の市からわざわざやってくる利用者が多いことが問題視されている。つまり、日常的に市民が利用する図書館というよりも、休日に一度は行ってみたい、遠くてもわざわざ行きたい図書館として人々に認識されているのである。それはつまり、単なる一過性の人気スポットで終わってしまう危険性を孕んでいるということだろう。決して、「TSUTAYA図書館」が誇る独自の分類が評価されているわけではないのだから。むしろ、多賀城の歴史に関する著書が多い藤原益栄市議などは「旧図書館にあった郷土資料をまとめたリストがなくなった。国特別史跡多賀城にゆかりの深い研究者の資料も分散し、不親切」と注文を付けているのだ。(21)

そもそも公共図書館に「ライフスタイル分類」が必要なのだろうか。資料価値のある従来の文献や配架を無視してまで、「ライフスタイル分類」にこだわることに意味はあるのだろうか。確かに「ライフスタイル分類」による新たな発見や人目を惹く書棚の集客性はあるだろうが、失うものも大きいのではないか。一過性の集客と引き替えに従来の図書館が保っていた公共性や静寂も失われる危険性がある。そこが問題視されているからこそ、今後建設が予定される地域において、反対の署名運動や設立の是非を問う住民投票が行われるのであろう。

そうした地域性に根ざした、その土地ならではの「蔦屋書店」や市立図書館を全国各地に創り上げていくことが、現在のCCCの一つの目標になっている。本は提案のカタマリ。そうした本

> を集積した書店や図書館のイノベーションが各地で進むということは、だから各地に知的資本を高めるための拠点ができるということを意味するはずなのだ。（増田 2014: 114–115）

増田はこのように述べているが、彼の言う書店や図書館のイノベーションとは本のテーマパーク化を推進することにほかならないのではないか。現在起きているのは、本のテーマパーク化に対する反対運動なのではないか。とりわけ、公共図書館がイノベーションという名のもとに本のテーマパークへと変貌してしまうことへの危惧があらわれているのではないだろうか。なるほど、本のテーマパークならば少々遠くても休日に家族で訪れてみようということになるだろう。年間パスも要らないから、好きなだけ行くことができるし、週末や夏休みには行列ができるだろう。何しろ本のテーマパークなのだから。カフェがある。雑貨が買える。そして、本もある。郷土資料などなくなっても何の問題もないかもしれない。本のテーマパークとしては。

また、増田は新たな図書館を「知的資本を高めるための拠点」であると豪語しているが、商業主義的で選書や分類においても問題点が多く指摘され[22]、反対運動が絶えず起こっているこの図書館を知的資本と言い切ることは難しく、一時的に利用者が増加しただけで、「知的資本が高まった」と評価することはできない。また、公共図書館を名乗る以上、やはり本が苦手な人ばかりを相手にするわけにはいかないだろう。「カフェに本屋が併設された」、本が苦手な人のための書店ならまだしも、「カフェに図書館が併設された」、本が苦手な人のための図書館までを全国各地に次々と誕生させようとしているのだ。しかも、公共図書館として。

では、本が好きな人はどこへ行けばよいのだろうか。大学図書館か？　いや、象牙の塔は誰にでも開かれているわけではない。大学のある地域も都市部に集中している。読書家にとっては受難の時代なのだ。しかし、逆に言えば、それだけ従来型の公共図書館の需要がなくなっているということであり、今までのような書店や図書館にもはや用はないが、本のテーマパークならば集客が見込めて採算も合うということなのだろう。[23]

本のテーマパーク化はついに、大学という象牙の塔をも浸食し始めた。いや、正確には大学にも本のテーマパークが必要になったと言うべきだろうか。全入時代のすっかり大衆化した大学においては、当然のことながら多くの学生は本など読まない。もはや「ドストエフスキーって誰なんですか」[24]どころではない。せっかくの大学図書館も閑古鳥が鳴いている。というわけで、今や日本一の受験者数を誇る近畿大学（以下、近大）では、従来の大学図書館に加えて新たに本を読むことが苦手な学生のための図書館ビブリオシアターを二〇一七年四月にオープンさせた。

二万二〇〇〇冊のマンガを誇る新図書館ビブリオシアターは、近大が進める「超近大プロジェクト」の一環として造られたアカデミックシアターという施設の中心に位置している。とりわけ、光が差し込むガラス張りの四角い部屋「アクト」がいくつも迷路のようにつながっているビブリオシアターは、ここが大学であることを忘れさせるようなスタイリッシュな空間である。

このビブリオシアターは、編集工学者の松岡正剛が監修したということで話題となった。やはりこの図書館も従来の十進分類法ではなく、近大独自の分類（近大インデックス）によって並べられた書架が特徴的である。「NOAH」と名付けられた一階は約三万冊の書籍が文理の垣根を超えた三三のテーマごとに配架されており、「注目すべき個性たち」「分子たちの冒険」「言葉と文学の方舟」など、かつて松岡が主催していた書店、松丸本舗を彷彿とさせるキャッチフレーズが付けられている。

「DONDEN」と名付けられた二階は、マスコミの注目も集めた二万冊以上のマンガが置かれているスペースであるが、ここも一階同様「マンガを文学する」「革命ごっこと戦争モード」「恋する女の生きる道」というように、三〇のテーマごとに分類され、配架されている。また、マンガだけでなく、関連する新書や文庫も同じ棚に並べられており、「漫画をきっかけに関心を広げ、本を読み進めていく仕掛け作りを進めたい(25)」という松岡の意図が込められている。

その「仕掛け作り」は、マンガだけに留まらず、本ではなくスマホに親しんでいる学生のために、AIも活用されている。ダウンロードすれば、SNSの投稿や診断シートの結果をもとにアカデミックシアターの独自の人工知能が自らの趣味、志向に合わせてビブリオシアターの書架から適合する本を紹介してくれるアプリも始動している(26)。

このように、ビブリオシアターはまさに本を読むことが苦手な学生にとって至れり尽くせりの図書館となっているのである。電子書籍、スマホ、タブレットが浸透する時代に、「知の巨人」がプロデュースした、本を読まない学生のための新しい大学図書館。多くの学生は松岡正剛に馴染みがないので、その選書が本当はどんな意味を持っているのか、テーマに偏りはないか、など余計なバイアスがかかることもない。おそらく、誰がプロデュースしているかよりも図書館に併設されている大学初という CNN Cafe や ALLDAY COFFEE(27) の方が気にかかっているのではないか。

オープンして六ヵ月。現在のところ、学生たちが本のある空間を享受している様子は見受けられる。とりわけ、二階の DONDEN では、一生懸命マンガを読み耽っている学生にいつでも遭遇できる。しかし、一階の書棚を熱心に見入っているのは、おそらくもともと本好きな大人たち（教員とおぼしき人物あるいは、一般の見学者）なのである。

「落ち着いてマンガが読める場所」「オシャレな本に囲まれてまったりできる場所」以上の知のどんでん返しが起こるかどうかはまだ、未知数である。すでに松岡によってプロデュースされた帝京大学図書館ともに、「知の巨人」から本を読まない大学生への「声」ははたして確実に届くのだろうか。

3　松丸本舗と MUJI BOOKS

かつて、丸の内に松丸本舗という名の書店があった。これは、二〇〇九年から二〇一二年までの三年間にわたり、丸善丸の内店四階に存在していた松岡正剛のプロデュースによる「書店」である。

書店とはいうものの、独立した店舗ではなく、いわばショップインショップの形態で、四階フロアに突如出現した六五坪のスペースが「松丸本舗」なのであった。

書店の中に書店を作るのだから、たんなる本屋ではない。松丸本舗はセレクトショップなのだ。たんなるセレクトショップではない。服装や雑貨を売るのではなく、本を売る。本のセレクトショップだ。（松岡 2012: 31）

その誕生から終焉までの詳細については、彼自身の手による『松丸本舗主義――奇跡の本屋、3年間の挑戦。』（松岡 2012。以下、『松丸本舗主義』）に詳しく述べられているが、オープン当初から、あの松岡正剛が編集する「前人未踏の実験書店」として大変な話題を集めた。時の首相である鳩山由紀夫が訪れて、本を大量に買い込んだこともあった。

松丸本舗の最大の特徴は、松岡が掲げるように「本のセレクトショップ」であり、普通の書店のようにジャンルごとに本が並べられているのではなく、松岡が示したテーマごとに本が「編集」されて、並べられていることにあった。しかもそれは、主として二〇〇〇年から松岡がインターネット上で執筆している書評「松岡正剛の千夜千冊」(28)で取り上げられた本をキーブックとした、独自の分類に基づいているのである。「遠くからとどく声」「猫と量子が見ている」「男と女の資本主義」などからなる七つの分類（「本殿」と名付けられている）を中心に、松丸本舗の書架はまるで入り組んだ迷路のように置かれており、それぞれにすんなりと通り抜けることができないような仕掛けが施されていた。

それは、訪れた客が、夥しい本に抱かれ、まさに本の迷宮に迷いこんだような気分にさせられる異空間ですらあった。もちろん、思いがけない本との遭遇がある、本好きにはたまらない書店として高く評価されていた。事実、『松丸本舗主義』には、閉店を惜しむ著名人を中心とした人々からの哀惜の念に堪えないメッセージが四三篇も寄せられている。「夢か幻だったのか」（福原義春　資生堂名誉会長）「『本の虫』のための本棚」（内沼晋太郎　ブック・コーディネーター）『「買いすぎ注意！」の本屋』（嶋　浩一郎　クリエイティブ・ディレクター、編集者）[29]「稀有な書店であり、これこそ書店」（町田　康　作家）という具合に。

では、そんなにも本好きな人々を魅了した松丸本舗が、なぜ三年足らずで、なくなってしまったのだろうか。それは、ここに寄せられたメッセージからもわかるように、松丸本舗があくまでも「本の虫」のための書店であり、日頃から本に携わることを生業としている「本のプロ」（作家、編集者、研究者など）のための書店であったからだ。言い換えるならば、自他ともに認める究極の「本の虫」であり、「本のプロ」である松岡正剛色が強すぎるからだ。

松丸本舗に来て快楽にひたるのはまともな人間ではないことがわかった以上、今後の展開が見えてきた。しかしこれは、あまりに反社会的すぎて書けない。松丸本舗のような場所が広がったら（そのときは「松本舗」か「正剛本舗」だろうが）、企業も大学も成り立たなくなる。私はその中にこもって二度と出られず、そこで死ぬしかない。いや、その場所に抱きかかえられて死にたい。

（田中 2012: 403）

「その場所に抱きかかえられて死にたい」と言わしめるような空間は当然のことながら、万人向きではない。松岡の思想に共鳴しているか、松岡の作り出す「狂気と快楽の松丸本舗」（田中 2012: 400）の世界に魅了された者にとっては、たとえ永久に抜け出せない迷宮であっても、そこは知の楽園となるであろう。しかし、そうではない者にとっては、いつまでたっても馴染めない異境の地でしかない。

松岡正剛のセレクトショップは、個性的すぎたのだ。松岡正剛のスタイリングは個性的すぎたのだ。言ってみれば山本耀司や川久保玲のアヴァンギャルドな服や着こなすのが難しい服を並べたセレクトショップに近いかもしれない。思想性が強すぎるのだ。「千夜千冊」という彼のライフワークとも言える書評集をベースにしているのだから、当然であるとも言えるし、松丸本舗の書棚の写真からなる『松岡正剛の書棚――松丸本舗の挑戦』（二〇一〇年）というムック本がすでに登場していることからもそれが推測できよう。彼がどのような本を選び、どのように並べたのか。本をどのようにセレクトしたかということ自体が一冊の本になる価値を持つのだから。「知の巨人」を作った本とは、いかなるものなのか。それはもちろん、単なるインテリアとしての本の集積ではない。

だから、松丸本舗には、熱狂的な信望者もあらわれる。中には聖地として、巡礼する者もいるだろう。逆に何も知らずに足を踏み入れると、その独特の雰囲気にやられてしまうかもしれない。あるいは、虜になるかもしれないが。

しかしながら、同じ「本のセレクトショップ」でも柳下が手掛けるかもめブックスや幅允孝が手掛ける数々の「本の売り場」は異なる。そこは確かに彼らが作り上げた空間ではあるが、柳下色、幅色を感じさせることはほとんどない。彼らは、セレクトショップを作り上げるスタイリストに徹している。彼らのセレクトであること、独自色をあまり感じさせずに、その空間に馴染むインテリアとしての本を的確に選び出す。とりわけ、選書家、ブックディレクターを名乗る幅はその傾向が強い。「本の売り場」でもライブラリーでも、その場所に相応しい本を的確に選び出していくのが彼の真骨頂だ。センスのいい、インテリアとしてのブックスペースを次々と作り上げていく。伊勢丹新宿店のオーガニックな化粧品売り場「ビューティーアポセカリー」に相応しい本。京都市動物園内の図書館に相応しい本。駿台予備校東大コース専用ライブラリーに相応しい本。千里リハビリテーション病院に相応しい本。そして、TSUTAYA TOKYO ROPPONGI に相応しい本。幅允孝プロデュースの本のある空間はどんどん都市に浸透していく。ついには、幅の選書したライブラリーが「セールスポイント」のマンションまで登場した(30)。

彼なら、その空間に相応しい、センスのいい本を間違いなくセレクトしてくれる。いや、スタイリングしてくれる。まるで、スタイリストが自分に似合う服を選んでくれるように。つまり、彼は本のカリスマスタイリストなのである。

一方、松岡は、空間を松岡色に染めていく。一目で松岡正剛がプロデュースした本屋であることがわかる。そこが、同じ選書という行為を行っていても松岡と幅との最大の違いであり、松丸本舗が撤退を余儀なくされ、幅プロデュースの「本空間」が広がっている理由であろう。

だが、松丸本舗の閉店から三年の時を経て、松岡正剛プロデュースの書店が再び脚光を浴びることとなった。ただし、今回は松丸本舗のように、松岡ブランドを全面に出しているわけではない。むしろ、言われなければ彼が関わっているとはわからない書店である。なぜなら、それは無印良品というブランドの一部として存在しているからだ。

MUJI BOOKSは、無印良品が展開する、書店というよりも「本のある空間」である。衣類、家具、雑貨、食品などの売り場と地続きに無印良品が提案する暮らしをテーマにした本が並べられている。MUJI BOOKSが最初に登場したのは、福岡のキャナルシティ内にある無印良品だが、二〇一五年九月に旗艦店である東京有楽町店にも、二万冊の書籍からなるMUJI BOOKSが出現したことで話題となった。この有楽町店のMUJI BOOKSには、天井まで届く巨大な龍のオブジェのような人目を惹く書棚が空間の中心に据えられている。「龍の書棚」と名付けられたそれは、建築集団アトリエ・ワンの手によるものだ。また、服や化粧品、生活雑貨の売り場はそれぞれ書棚によってつながれている。まさに、中沢明子が指摘するように、「2万冊の書籍に埋もれて肝心の無印良品の商品が見つけづらくなる、といった驚きの店舗設計で賛否両論がありましたが、ライフスタイルショップの老舗・無印良品旗艦店のあのリニューアルは、人生を豊かにする本に出合う場所の新たな創出であると同時に、本がインテリアとして空間を飾る小道具として見直されていることを雄弁に物語るもので[31]」あった。

無印良品の商品とともに店内に並ぶ二万冊の本は、暮らしの「さしすせそ」と名付けられ、さ（冊、読むことの歴史）・し（食）・す（素、素材）・せ（生活）・そ（装）というテーマに沿って、分類されている。「さしすせそ」には、暮らしを彩る調味料のようにという意味が込められているのだろう。オープニングに先駆けて行われた、松岡正剛と無印良品アドバイザリーボードを務める小池一子のトークイベントは、やはり「本と暮らす」がテーマであった[32]。

生活のシーンによって服を着替え、インテリアを模様替えするように本を着替える。常に傍らに本を置き、シチュエーションによって読む本、棚に並べる本を変化させる。MUJI BOOKSでは、本と生活用品を同じ空間に同居させることによって、「本と暮らす」生活を提案しているのだ。よって、それは無印良品の服やコスメや収納グッズやアロマディフューザーに馴染む本でなければならない。暮らしの調味料は暮らしそのものの邪魔をしてはいけないのだ。それゆえに、MUJI BOOKSにおいては、かつての松丸本舗とは異なり、松岡色は極力薄められている。空間を松岡色に染めるのではなく、場に馴染む松岡正剛が展開されている。それは間違っても「ここで死にたい」などと言わしめる空間ではない。むしろMUJI CAFEと同様に「ここで本とくつろぎたい」「ここで本と暮らしたい」と思わせる空間でなければならない。その結果、言われなければ松岡正剛プロデュースとはわからない松岡正剛プロデュースの書店ができあがった。その後も、MUJI BOOKSは、大阪のグランフロントや恵比寿のアトレ、仙台のロフトから台湾や上海に至るまで拡大を続け、二〇一七年七月現在、規模はさまざまであるが一二店舗で展開されている(33)。やはりその快進撃は、幅プロデュースの「本空間」のように、その場に相応しい選書を行うことに徹したためであろう。無印良品という場に馴染む「本と暮らす」MUJI BOOKSは、今後もますます広がりを見せるのだろうか。

4 「インテリしてる。」から「インテリアしてる。」へ——「家具の書籍」

このように、都市に広がりつつある「行列ができる本屋さん」「テーマパークとしての書店（図書館）」には、場に相応しい選書に基づいた本が作り出す心地よい空間がある。

場に相応しいとはどういうことか。場に馴染む本。その場所に溶け込み、必要以上の主張をしない本。それは、中沢の言葉で言うならば「インテリアとしての本」であり、椅子やテーブルやソファのような家具としての本であろう。「家具の書籍」——それは、まるでエリック・サティの「家具の音楽」を思い起こさせる。

フランスの作曲家であるエリック・サティは、一九二〇年に「家具の音楽」という室内楽曲を作曲した。それはあたかも家具のように、その場所に存在しても日常生活を妨げない音楽、意識的に聞かれることのない音楽を目指して書かれた曲であった。また、この曲だけでなく、サティが提唱した「生活の中に溶け込む音楽」という思想そのものを「家具の音楽」と呼ぶこともある。この「家具の音楽」については、音楽評論家であり、サティ研究の第一人者であった秋山邦晴が、以下のように記している。

自分の表現や内的なミクロコスモスを聴衆に押しつけてくるような音楽。こうした音楽を否定して、純粋な〝白い音楽〟を作曲したサティ。そこからさらに、リビングルームの壁紙や家具のように、自己を主張しない音楽。必需品であり、有用なものでありながら、決して出しゃ張らずに、静かに暖かい雰囲気をつくっている家具のような音楽。サティはコンサート会場のための音楽とはまったく違ったそういった日常生活の空間の必需品としての音楽を作曲することをこころみたのである。（秋山 2016: 491）

「静かに暖かい雰囲気をつくっている家具のような音楽」「日常生活の空間の必需品」それは、今までの音楽の概念を打ち破るものであった。

サティ本人も「家具の音楽」の意図するところについて次のように述べている。

……私たちは、〈有用性〉の要請をみたすようにデザインされた音楽というものを確立したいのです。

芸術は、そのような要素をもってはいません。家具の音楽は空気振動をつくりだします。それ以外の目的なんてありません。それは光や熱と同じ役割を果すのです——あらゆる形態をとりながら、〈人に快適さを与えるもの〉として。(Satie 2014: 119-120)

このように述べた後、サティは具体的なシチュエーションを挙げて、家具の音楽を説明していく。

家具の音楽は基本的には工業的《インダストリアル》なものです。
家具の音楽はマーチやポルカ、あるいはタンゴやガヴォットなどの代わりとして、
　よりすぐれた役割をします。
家具の音楽をどうぞ！
家具の音楽なしには会合やパーティは開けません。
　法律事務所、銀行、その他のための
家具の音楽
家具の音楽にはキリスト教洗礼名などはありません。
家具の音楽なしの結婚式は完全とはいえないのです。
家具の音楽のない家庭には、足を踏み入れないでください。

家具の音楽を聴いていらっしゃらない方は、幸福とは何かを知らずにいるのです。**家具の音楽**を聴かないで快い眠りはおとずれません。お寝み前に《家具の音楽》の一節をどうぞ……安眠保証。(Satie 2014: 120)

〈有用性〉の要請を満たすようにデザインされた音楽。空気振動のように人に快適さを与え、「お寝み前に」聞くと心地よい眠りが訪れる音楽。それはまさに、覚醒ではなく、「寝落ち」を誘う音楽であり、生活に溶け込み、暮らしの一部として、「ともに暮らす」音楽なのである。このサティの「家具の音楽」を、現在の環境音楽やBGMの先駆けとして捉える考え方もあるが、音楽家の蓮沼修太と音楽評論家の小沼純一は、むしろそれは実用性があり、ウィリアム・モリスのように、「日常の中にある美を意識させるデザイン的な思想」に近いのではないかと言う(34)。

サティ自身も「〈有用性〉の要請を満たすようにデザインされた音楽を確立したい」と考えていたことを踏まえると、「家具の音楽」には「日常の中にある美を意識させるデザイン的な思想」があるのは確かだろう。

そして、このサティによってデザインされた「家具の音楽」のように、場に相応しい「家具の書籍」は、家具のように邪魔をせずに、快適さを与えるものとして生活の中に溶け込んでいる。また、「家具の書籍」は、「日常の中にある知」を意識させるものとしても機能している。これが、現在流行している「家具の書籍」「インテリアとしての本」の意味するところではないだろうか。それは再び知が流行《ファッション》としてもてはやされているということなのだろうか。

かつて知がファッションのように流行した時代があった。一九八〇年代前半、いわゆるニューアカブームの時代である。ニューアカデミズムの旗手と言われた浅田彰の『構造と力』（一九八三年）がベストセラーとなり、人々はその内容を理解できなくてもこぞって『構造と力』を手にした。ファッション誌の『an・an』が「知的《インテリ》してる。」という特集を組んだのも、一九八四年九月のことだ。アンディ・ウォーホルが表紙を飾る特大号では、当時人気エッセイストとして頭角をあらわしていた林真理子が、「持っているだけで知的！読んだらもっと知的！」と題して、知的ブックガイドを敢行している。もちろん持っているだけで最も知的なのが『構造と力』であることは言うまでもない。ほかにも「現代思想界をリードする吉本隆明のファッション」論が紹介され、いわゆるコム・デ・ギャルソン論争の引き金となったのもこの号だ。コム・デ・ギャルソンの服を纏い誌面に登場した吉本を、埴谷雄高は「資本主義のぼったくり商品を着ている」と批判した。それに対して吉本は、消費社会を肯定する立場から、ファッションなどのサブカルチャーを重層的に捉えるべきだと反論したのである。

「アンアン」という雑誌は、先進資本主義国である日本の中学や高校出のＯＬ（貴方に判りやすい用語を使えば、中級または下級の女子賃労働者です）を読者対象として、その消費生活のファッション便覧《マニュアル》の役割をもつ愉しい雑誌です。総じて消費生活用の雑誌は生産の観点と逆に読まれなくてはなりませんが、この雑誌の読み方は、貴方の侮蔑をこめた反感と逆さまでなければなりません。先進資本主義国日本の中級ないし下級の女子賃労働者は、こんなファッション便覧に眼くばりするような消費生活をもてるほど、豊かになったのか、というように読まれるべきです。

（吉本 2012: 64–65）

吉本が擁護する、豊かになった「先進資本主義国日本の中級ないし下級の女子賃労働者」は、もはや「知」をもファッションとして消費するようになったのだ。すなわち、コム・デ・ギャルソンのようなブランドも、吉本隆明のような思想家もファッションとして等価なものとして同じ『an・an』の誌面の中で消費するようになったのである。田中康夫はそんな時代の気分を「岩波文庫を一冊読んだ時の感動も、ルイ・ヴィトンのバッグを買った時の感動も、感動の質においては等価である」[35]と喝破した。当時は最先端の知的な本を所有すること（読めなくても買う）が最先端のDCブランドファッションを所有すること（着られなくても買う）と同じぐらいファッショナブルだと考えられていた。「知的《インテリ》してる。」ことがファッションと捉えられていたのであり、自らが最先端の本を読む人間であるとアピールすることがファッションだったということだ。

しかし現在の本の流行《ファッション》はそうではない。知的な本を所有することに対するこだわりもそれほどなく、「知的《インテリ》してる。」ことに対する憧憬もあまり感じられない。むしろ、本を所有するのは、本のある空間を作り出すためだ。知が流行しているのではない。「日常の中にある知」を感じさせる小道具としての本が流行しているのだ。そこが「知的《インテリ》してる。」と「家具《インテリア》してる。」との違いではないか。
よって、知の象徴としての難解な本よりも暮らしの「さしすせそ」になるような本が求められる。知的な刺激よりも生活に馴染む本の方が好まれる。レシピ本。写真集。旅のガイドブック。ていねいな暮らしを彩り、日常の中にある知を感じさせる本の数々。「目当ての本があってもなくても、本のある空間は心地いい」（『ブルータス』二〇一六年一二月号）からだ。本のある空間をリアルに感じさせること。居心地のよさだけが、ネットに対して優位性を保てるのである。

行列ができる個性的な本屋さんが次々と登場し、「家具の書籍」が重宝される一方で、いわゆる「町の本屋さん」は逆に次々と姿を消している。二〇一七年八月二四日付の朝日新聞によると、「書店が地域に一つもない」書店ゼロの自治体は二割強にのぼり、四年前よりも一割増加しているという。背景には、人口減や活字離れもあるが、アマゾンなどのネット書店の台頭や雑誌も含む紙の本の衰退などが挙げられる。

そのような時代においてなぜ、「家具の書籍」が流行したのか。なぜ今、本がインテリアとして浮上したのか。そこにはやはり「もうすぐ絶滅するという紙の書物」への哀惜が込められているのではないだろうか。確実に紙の本が減り、消えようとしているからこそ、紙の本の存在を存分に味わえる図書館や書店といった「本のある空間」が求められているのではないか。

それは、膨大な書籍を前にしたときの素直な感動を、大切にしたかったからだ。事実、新しい武雄市図書館では、初めて訪れた人はまず例外なく「うわ」とか「おっ」とかいった嘆声を上げる。正面の広大な壁面を埋め尽くす書籍の膨大さに圧倒されるからだ。つまりは、書物の量が直接、来館者の皮膚感覚に訴えてくるからだ。（増田 2014: 135）

この、書物を眼前にした時の「皮膚感覚」はことさら新しいものではない。

文字の書かれたページを敬う気持ち、そしてのちになって書物を敬う気持ちは、文字の歴史と同じぐらい古いものなんです。ローマ時代の人々は、すでに巻物を持ち、収集していました。

（Carrière-Eco 2009 = 2010: 44）

物を持たないシンプルな暮らしが推奨される中で、唯一たくさん持つことが許されるのが「ともに暮らす本」なのである。一〇着しか持つことが推奨されない服[36]とは異なり、日常に知を醸し出す本は数が増えてもかまわない。スマホやタブレットで電子書籍を読む時代だからこそ、紙の書物を敬う気落ちは再び思い起こされる。

物としての本のバリエーションは、機能の点でも、構造の点でも、五百年前となんら変っていません。スプーンやハンマー、鋏と同じようなものです。一度発明したら、それ以上うまく作りようがない。（Carriére-Eco 2009＝2010: 24）

もちろんそれは厳選された「家具の書籍」に限るのだが。本ならたくさん買っても許される。衝動買いも許される。ともに暮らす「家具の書籍」は日常の中にある知の小道具である。「居心地いい時間と空間をデザインすることは、知的資本によってのみ可能となるのだ。」（増田 2014: 139）そう、「家具の書籍」は読まれなくてもいい。さりげなく空間に漂えばいい。ふんわりと香るコーヒーのように。穏やかな眠りを誘う「家具の音楽」のように。

注

（1）珈琲を偏愛する菅野眞博（ドトール）と本を偏愛する柳下恭平（かもめブックス）によって作られたため、「梟書茶房」と名付けられている。「その偏愛する二人が出会い、本と珈琲の魅力を伝えようとして作ったお店が梟書茶房です。ここは、書房でしょうか、茶房でしょうか。融合したそれを、彼らは「書茶房」としました。」（梟書茶房ＨＰより https://www.doutor.co.jp/fukuro/　二〇一七年一〇月一〇日最終アクセス）

（2）柳下恭平が店舗（主に書店を指すと思われる）の企画・運営を行うために作ったチーム。二〇一七年五月一日に彼はＨＰ上で「僕はこれから、本屋を増やそうと思います。」と述べている。（http://editorial-jetset.co/index.html/　二〇一七年一〇月一〇日最終サクセス）

（3）『B&B』は、ブック・コーディネーターの内沼晋太郎が代表を務める「本とアイデア」のレーベル「numabooks（ヌマブックス）」と、広告制作からメディア運営まで幅広い活動を行っている嶋浩一郎が代表を務める「博報堂ケトル」が共同でプロデュースしている。

（4）著者や編集者などを中心としたゲストによるトークイベントが毎夜、開催されるほか、日中にはセミナーも行われている。また、店内に並ぶ本棚や椅子、テーブルなどの家具を購入することもできる。

（5）BOOK AND BED以外にも、ベッドと図書館をコンセプトにしたホステル「わさび大阪 Bed with Library」や佐賀県の古湯温泉にある「泊まれる図書館 暁」など各地に、「本」を売りにした宿泊施設がオープンしている。

（6）もともとは、インターネット用語で、チャットやオンラインゲームをしている途中に寝てしまうことに由来するが、現在では若者を中心に、何かをしている最中に眠ってしまうことを指して幅広く使われるようになった。

（7）自らの持ち物を見直し、必要最小限のものだけで生活するミニマリストも増加している。その程度やあり方はさまざまだが、ものに縛られないことで豊かな生き方を目指すという点では一致している。

（8）「ある時、さまざまなメディアに共通して現れる深層意識を、多彩なゲストを招いて不定期に語り合う」イベント。二〇一五年一〇月に第一回「女性誌は集団的自衛権をどう論じたのか」が開催された。以来、二〇一七年一一月までに一一回のイベントが開催されている。

（9）二〇一七年一月二七日に行われたメディア分析ラボ#7「本はインテリアになったのか?」に際しての中沢明子によるイベントの趣旨。https://www.facebook.com/pg/mediaanalysislab/posts/ 二〇一七年一二月三日最終アクセス。

（10）一八六九年創業の丸善（丸善雄松堂株式会社）は、創業時より西洋の文化、学術を日本に紹介するという観点から、洋書を中心とする学術情報だけでなく、服飾、高級文具など幅広く手がけており、その「丸善文化」は多くの文化人に愛された。

(11)　一九九六年に銀座に第一号店が開店したスターバックスは今や全国に一〇〇〇店舗以上を展開している。展開した当初は、すべて直営店であったが、現在は展開する場所ごとにそれぞれの企業とライセンス契約を結ぶことが多い。蔦屋書店内のスターバックスは、ＣＣＣがカフェと書店を融合させるというコンセプトのもとに、業務提携している。

(12)　スターバックスでは、毎月季節を先取りした、インスタ映えする新作のドリンクが期間限定で発売される。それは、さまざまなクリームやケーキやタルト生地などで覆われ、ドリンクというよりはスイーツと形容した方が相応しいようなものも多いが、新作ドリンクを目当てに（あるいはＳＮＳに投稿することを目的に）訪れる客も多く見受けられる。

(13)　ＣＣＣが手がける生活提案型商業施設「代官山 T-SITE」の中核施設として代官山蔦屋書店は位置づけられている。周辺には輸入玩具と子ども用家具の「ボーネルンド」やペットショップ、電動アシスト自転車を扱うショップ、クリニック、多目的スペースなどがある。

(14)　銀座蔦屋書店ＨＰより。https://store.tsite.jp/ginza/about/　二〇一七年八月二〇日最終アクセス。

(15)　「蔦屋家電」はライフスタイルを提案する家電販売店である。もちろん家電だけでなく、インテリアや雑貨、本なども販売している。「ライフスタイルを買う家電店」を目指しており、新たな形態のライフスタイルショップと言えるだろう。

(16)　ＣＣＣが指定管理者となって作られた市立図書館である。多賀城市が目指す「東北随一の文化交流拠点」整備の中心としてリニューアルされた。開館時間は午前九時から午後九時三〇分、年中無休である。

（17）武雄市や海老名市同様、図書館貸し出しカードとして利用できるTカード（Tポイントカードの機能がある）までもが導入されている。市立図書館ではあるが、企業色が非常に強い。

（18）第一号の武雄市は、二〇一三年四月のオープン以来、マスコミで多数取り上げられたこともあり、「TSUTAYA図書館」のある街として一躍有名になった。人口五万人ほどの地方自治体である武雄市の図書館に、一年間で一〇〇万人近くの来館者が押し寄せたからである。

（19）現職と新人の一騎打ちとなった選挙では、新人候補は当選した場合には図書館の開館を一時保留するという姿勢を示した。しかし、結果的に現職の近藤隆則が三選を果たしたため、二〇一七年二月に「TSUTAYA図書館」が開館することとなった。

（20）二〇一七年三月二一日付河北新報。

（21）二〇一七年三月二一日付河北新報。

（22）武雄市、海老名市いずれの「TSUTAYA図書館」でも、CCCによる杜撰な選書が問題となった。古い雑誌や選定基準の対象外と思われる図書が多数含まれており、ともに選書をやり直す事態に発展した。多賀城市でも中古本三万二〇〇〇冊の本を一括購入したとされており、図書館としての機能や蔵書ラインナップよりも、見た目がぎっしりつまったインテリアとしての書架「館内風景」を重視したためと考えられる。（http://biz-journal.jp/2016/05/post_15246_2.html 二〇一七年一〇月一二日最終アクセス）

（23）集客が見込めるか、採算が合うかを重視するのは、数々の物品を販売し、入館者数を競う昨今の美術館や博物館も同様であろう。

（24）二〇〇二年に東大の大学院生が「先生、ドストエフスキーって誰なんですか？」と聞いたことを東大教授である石田英敬が雑誌『世界』（二〇〇二年一一月号）に「〈教養崩壊〉と大学の未来」として寄稿し、話題となった。石田は「私はついに本当にその日がやってきたことを理解した。」と書いている。

(25) 松岡正剛所長のコメントとして掲載。二〇一七年四月六日付朝日新聞朝刊 http://www.asahi.com/articles/ASK3Z4JCRK3ZPTIL01J.html2 二〇一七年八月二〇日最終アクセス。

(26) http://act.kindai.ac.jp/personality_test/ 二〇一七年八月二〇日最終アクセス。

(27) いずれも大学初という触れ込みでアカデミックシアター内にオープンした。CNN Cafe では、設置されたいくつもの画面にCNNニュースが流れ続けている。ALLDAY COFFEE は、トートバッグなどオリジナルグッズも人気が高いサードウェーブコーヒーの流れを汲むコーヒースタンドである。

(28) 二〇〇〇年から現在まで松岡正剛がインターネットで展開している書評。同じ著者の作品は二度取り上げないことをルールとしており、二〇一七年一一月二八日現在で、一六五六夜まで公開されている。一夜から一〇〇〇夜までは、『松岡正剛　千夜千冊』（松岡 2006）として出版された。拙著『コスメの時代』（米澤 2008）も一三一九夜に取り上げられている。

(29) B&Bを手掛けた二人も松丸本舗を絶賛し、閉店を惜しんでいた。「ぼくたちはインターネットもスマートフォンも好きだけれど本屋も好きだから、なくなっていくことが嫌で、下北沢でB&Bという、『これからの本屋』を始めた。松岡さんもきっと嫌で仕方ないだろうから、松丸本舗もきっとまた、帰ってくるのだろうと思っている。」（内沼 2012: 370）彼らは松丸本舗の影響を受けているのである。

(30) 二〇一二年に完成した三井不動産が手掛けるタワーマンション「パークシティ武蔵小杉 ザ グランドウィングタワー」では、マンション内のインテリジェンスルームに置かれる本や空間を幅がプロデュースした。また、二〇一六年秋にオープンした「ワコールスタディホール京都」のライブラリーも美をテーマに幅がセレクトしている。

（31）https://www.facebook.com/pg/mediaanalysislab/posts/　二〇一七年一二月三日最終アクセス。
（32）http://news.mynavi.jp/articles/2015/mujibooks/　二〇一七年八月二五日最終アクセス。
（33）http://www.muji.com/jp/mujibooks/　二〇一七年八月二五日最終アクセス。
（34）『ユリイカ』一月臨時増刊号　二〇一六年 no.672「総特集エリック・サティの世界」二〇八頁
（35）『なんとなく、クリスタル』（田中 2013）の中で登場人物の台詞を通して語られている。
（36）二〇一四年『フランス人は10着しか服を持たない』（Scott 2012＝2014）という本がベストセラーになり、第二弾、第三弾も発売されるに至った。そのほかにも『服を買うなら、捨てなさい』（地曳 2015）『クローゼットにはワンピースが10着あればいい』（福田 2017）など、限られた服でおしゃれすることを提案する本がたくさん出版されている。

第四章　ライフスタイルというファッション
――ていねいなくらしという呪縛

1　ライフスタイル誌の広がり

ライフスタイル誌が増加している。『カーサブルータス』『&プレミアム』『クウネル』――かつてはファッションのマガジンハウスと呼ばれ、時代のファッションを作り上げてきたマガジンハウス(1)が今の世に送り出しているのもライフスタイル誌が中心だ。もちろん、マガジンハウスだけではない。『リンネル』『大人のおしゃれ手帖』――青文字雑誌(2)として一世を風靡した宝島社も、ライフスタイル誌に力を入れている。

そんなライフスタイル誌の先駆けとも言える『カーサブルータス』だが、創刊されたのは二〇〇〇年のことである。『カーサブルータス』は、都会的で先鋭的な男性誌『ブルータス』の建築特集から派生したライフスタイル誌であり、それだけにイタリア語で家を意味する「カーサ」が示していたのは、もともと建築作品としての家であった。それが証拠に創刊当初の『カーサブルータス』では、毎号建築や建築家の特集が目白押しであった。

次に示すのは創刊間もない二〇〇一年～二〇〇二年の特集を並べたものである。

二〇〇一年

一月号　住みたいのはホテルスタイルの部屋
二月号　柳宗理大特集
三月号　日本ベスト100
四月号　建築とファッション　今、モードを語るのは服より空間
五月号　コンラン卿が選んだ、アジア雑貨
六月号　デザインの旅イタリア
七月号　ケーススタディ・ハウスは理想の住宅サンプルです
八月号　世界ベスト100
九月号　みんなのイームズ！

一〇月号　建築とファッション2
一一月号　TOKYO 特集
一二月号　照明界の偉人　フランク・ロイド・ライト特集

二〇〇二年

一月号　世界のデザイナー&建築家と考えた、インテリア最新スタイル
二月号　Looking for New Japanese Design
三月号　New York 大特集
四月号　World Museum Best 100
五月号　建築とファッション3　聖地への旅
六月号　安藤忠雄とメキシコへ。ルイス・バラガン建築の世界。
七月号　東京特集
八月号　北欧最終案内
九月号　安藤忠雄×旅
一〇月号　なんてったって建築家！
一一月号　建築とファッション4／怒濤の建築&デザイン本100
一二月号　あなたの知らないル・コルビュジエ。

という具合に、フランク・ロイド・ライト、ル・コルビュジエ、安藤忠雄など建築界のスターの名が毎号のように並び、特集されている。また、イームズや柳宗理などのデザイナーがクローズアップされたり、建築とともにアートが取り上げられることも多かった。

また、繰り返し特集されているのが、「建築とファッション」である。二年間の間に四回も特集が組まれている。いかに「今、モードを語るのは服より空間」であったか、当時の建築がファッションとして捉えられ、建築家やその作品がまるでファッションデザイナーや人気ブランドの服のように扱われていたかがうかがえる。

このように、創刊当初から創刊一〇周年を迎える二〇一〇年までは、ほぼ「建築とファッション」を中心にデザイン性の高いインテリアやアートに特化した誌面作りが行われていたが、二〇一一年以降の『カーサブルータス』には明らかな変化が見られるようになる。具体的に言えば、東日本大震災以降の特集に『カーサブルータス』の「転向」をはっきりと見てとることができるのだ。

二〇一一年

一月号　本気で欲しいデザイン2011
二月号　最強・最新！　住宅案内2011
三月号　理想のキッチンのつくりかた。
四月号　あなたの知らない岡本太郎100

五月号　インテリアの天才たち！
六月号　美しい収納術。
七月号　理想の暮らしが買える店。
八月号　やっぱり、動物と暮らしたい！
九月号　ニッポン再生の参考書
一〇月号　いま学ぶべき職人の美学。
一一月号　森へ海へ！　みんなの移住計画。
一二月号　おいしいパン、理想のパン屋。

二〇一一年の前半は、今までのように、デザインやインテリア、アートの特集が続いているが、震災が起こった三月を経て、二〇一一年後半になると、「収納術」「暮らし」「ニッポン再生」など、従来の『カーサブルータス』ではあまり取り上げられることのなかったテーマが浮上してくる。震災という出来事を体験し、今までと同じような編集方針では持続可能ではないと考えられたためだろうか。二〇一一年九月号の「ニッポン再生の参考書」では、「今から私たちができることを考えよう」と題して、安藤忠雄や伊東豊雄といった建築家などの識者にこれからの日本のあり方を聞く一方で、「谷崎潤一郎の『陰影礼賛』を読み解く。」というように日本の美、日本人の美学に改めて目を向けるような姿勢が見てとれる。

今までは海外の建築やアートに目が向いていたが、これを契機にもう一度日本を見つめ直し、日本のよさを再発見することで、復興へとつなげていこう。その姿勢は、次号の「いま学ぶべき職人の美学」という特集にもあらわれている。ちょうどその頃国家プロジェクトとして立ち上げられたクール・ジャパン(3)的な視線とも重なる。再発見された日本のよさを、海外に積極的に発信していくというような方針である。

もう一つ、決定的な「転向」が顕著にあらわれているのが、一二月号の「おいしいパン、理想のパン屋。」という特集である。これ以前の『カーサブルータス』で「食」がテーマに取り上げられたのは、「今、世界が噂するレストランはどこだ⁉」(二〇〇四年六月号)と「コーヒーとパンの大特集！」(二〇一〇年一二月号)の二回しかない。しかも同じ「食」を扱っていても、「世界が噂するレストラン」と「理想のパン屋」にはそのスケールにおいて雲泥の差がある。いくらなんでも、理想のパンのために世界を旅するわけではない。二〇一〇年末の「コーヒーとパン」特集が好評だったこともあるのだろう。一年後には、「パン」だけが特集されるに至った。この後も、「朝の楽しみ。」と題して朝食特集が組まれたり(二〇一四年九月号)、「野菜の楽しみ。」と題して「流行野菜図鑑」が掲載される(二〇一六年六月号)など『カーサブルータス』の「食」への関心はますます深まりを見せていく。

何よりも、二〇一一年七月の「理想の暮らしが買える店。」に初めて「くらし」が取り上げられてから、「くらし」という言葉が、頻出するようになり、テーマとしても取り上げられることが急増しているのだ。

このように、『カーサブルータス』の「カーサ」は家そのもの（建築）から家の中のことがら（「くらし」）を意味するようになったのである。男性的な「建築」から女性的な日常の家事全般へと移り変わったとも言える。(4)『カーサブルータス』は表立って男性誌を掲げているわけではないが、もともと男性誌『ブルータス』から派生していることもあり、男性的なライフスタイル誌という視点で編集されてきた。それゆえに建築（家）、アート、デザイン、旅、その延長線上としてのデザイン家具などが紹介されることはあっても、家事や「くらし」に直結するようなキッチンや収納、朝食やパンなど、女性誌やとりわけ主婦向けの雑誌を彷彿とさせるようなテーマが正面切って取り上げられることはなかったのである。

都市のホテルライクな部屋に住み、時には海外へ建築やアートを観に出かける。それが二〇一〇年までの『カーサブルータス』が提唱する非日常的なライフスタイルであった。しかし、二〇一一年以降は、それまでとは正反対のライフスタイル、日常的な「くらし」に主軸を置く方向へと向かっていくのである。

かつてのような建築家特集やアート（美術館）特集などは少なくなり、代わって、収納、キッチン、朝食、野菜など「くらし」をテーマにした特集が目立つようになる。確かに震災が起きれば世界の建築どころの騒ぎではない。非日常的な「建築とファッション」よりも日々の「くらし」を重要視する路線へ「転向」するのはきわめて自然な流れであろう。こうして、『カーサブルータス』

の「カーサ」は、アート、作品としての家（建築）からくらす場としての家（生活空間）へと変容していくのである。現在のキャッチ・フレーズも「美しい暮らしをデザインする」に落ち着いている。

次に示すのは、近年の『カーサブルータス』の特集一覧であるが、ここからもその「転向」の様子をうかがうことができる。

二〇一六年

一月号　温泉１００
二月号　住宅案内２０１６　本当に住みたい家
三月号　美しい日用品ストア開店！
四月号　収納のルール
五月号　日本の宿ベスト50
六月号　野菜の楽しみ
七月号　ライフスタイルショッピング！
八月号　見逃せないアート１００
九月号　アジアのリゾート１００
一〇月号　京都

一一月号　ライフスタイルの天才たちに学ぶ　美しい「住まい」の教科書（二〇〇号記念号）
一二月号　居心地のいい本屋さん

二〇一七年

一月号　美しい照明術
二月号　理想の家づくり
三月号　美しい日用品ネットストア開店
四月号　デザインのいい家電
五月号　世界のベストリゾート2017
六月号　リノベーションスタイルブック
七月号　楽しいキッチン
八月号　動物園と水族館
九月号　椅子選び
一〇月号　インテリア改造ワークショップ
一一月号　おさらい日本の名建築
一二月号　ラグ、リネン、テキスタイル

「なんてったって建築家」とばかり繰り返されていた建築家や建築特集がほとんどないのがわかるだろう。唯一特集されたのは、「おさらい日本の名建築」であるが、これも日本のよさを再発見するという方針に沿っている。入れ替わるように、「本当に住みたい家」「美しい『住まい』の教科書」「理想の家づくり」など、地に足の付いた「家」特集が続く。アヴァンギャルドだが着るのが難しい服ではなく、日常に即したリアルクローズのように、住みやすい理想の家。そんな家には、「美しい照明」や「楽しいキッチン」、「デザインのいい家電」が欠かせない。「美しい日用品」に囲まれた美しい「くらし」。そこにはもちろん本のある空間も含まれるだろう。そんな空間で「パンの楽しみ」や「野菜の楽しみ」を味わってこそ、「ライフスタイルの天才」と言えるのだ。

現在の『カーサブルータス』からは、海外よりも日本、都会よりも地方、建築（アート）よりも「くらし」、ラグジュアリーよりも「ていねいさ」、非日常よりも日常という傾向を読み取ることができるだろう。日本の伝統的な文化や地方のよさに目を向け、食を中心とした、ていねいな日常を生きる。このようにして、「美しい暮らし」はデザインされていくのである。

もともと男性誌が出自の『カーサブルータス』だからこそ、男性的な建築から女性的な「くらし」への「転向」が顕著にあらわれたわけだが、女性誌の場合、最初から日常的な「くらし」をテーマにしているライフスタイル誌が主流である。

例えば、二〇〇二年に同じマガジンハウスから『an・an』増刊号として創刊された『クウネル』をその代表として挙げることができる。『クウネル』は、「ストーリーのあるモノと暮らし」をキャッチフレーズに掲げ、衣食住の「食住」をテーマに、敢えてファッション（衣）を扱わないことで、ライフスタイル誌の先駆けとしての地位を確立してきた。創刊当初の「週末の過ごしかた。」「コーヒーはいかが？」「本はいいなぁ。」から「哲学のある住まい。」まで、すでにその特集は、現在の『カーサブルータス』を先取りしていたとも言える。しかしながら、独自の世界を作り上げていた『クウネル』が、二〇一六年三月号から、突如、淀川美代子を編集長に据え、小林麻美を表紙に起用するなど、往年のオリーブ少女や『an・an』読者を意識したファッション誌路線へといきなりシフトしてしまったのである。「しまつのよい人。」（二〇〇九年一月号）を紹介してきた『クウネル』からの、「もっとお買い物しませんか？」（二〇一六年一一月号）という突然の呼びかけに戸惑った読者も多かったようである。長年ライフスタイル誌『クウネル』を愛読してきたファンからは当然のように非難が巻き起こった。(6) その後の『クウネル』は、「お金をかけずに自分らしい生活を！」（二〇一七年四月号）「心地よい暮らしのヒントは生活の定番から」（二〇一七年七月号）というように、再び「くらし」を主軸に据えてはいるものの、表紙にも醸し出されていた独自の雰囲気はすっかり影を潜め、『STORY』や『Marisol』のカバーモデルを長年務めた（清原）亜希を表紙に登場させるなど、他の四〇代向け女性誌とあまり変わらないつくりとなっている。(7)

一方、従来の『クウネル』の路線を踏襲し、さらに洗練させたのが『&プレミアム』である。『&プレミアム』はもともとあの『クロワッサン』の姉妹誌『クロワッサンプレミアム』として、二〇〇七年に創刊された。一九七七年に『クロワッサン』が創刊されてから三〇年の時が経ち、三〇代のニューファミリー(8)だった彼女たちもはや五〇代となった。そんな五〇代になった元『クロワッサン』読者に向け、従来の価値観にとらわれない新しい五〇代像をイメージして、『クロワッサンプレミアム』は生み出されたのである。よって、創刊時はライフスタイル誌というよりも、五〇代の新たな生き方を提案する生活誌というスタンスだった。

現在のように年代にとらわれないライフスタイル誌『&プレミアム』にリニューアルされたのは、二〇一三年一一月二〇日発行の二〇一四年一月号からである。「ライフスタイルの教科書」(二〇一四年二月号)「おいしいパン。」(二〇一四年三月号)「花と朝食。」(二〇一四年七月号)「おいしいコーヒーのある生活。」(二〇一五年一月号)「本屋が好き。」(二〇一五年三月号)というラインナップからもわかるように、現在の『カーサブルータス』やとりわけリニューアル前の『クウネル』とほとんど重なるテーマが取り上げられている。

以下に示すのは二〇一六年以降の『&プレミアム』のテーマ一覧である。

二〇一六年

一月号　ベターライフ・カタログ。
二月号　ふだんの食卓。
三月号　整える。
四月号　映画が教えてくれること。

五月号　誠実につくられたもの。
六月号　私と僕の好きな店。
七月号　外へ、行かない？
八月号　シンプル、ということ。
九月号　ノスタルジックな、音楽と旅。
一〇月号　カルチャーのあるカフェ。
一一月号　みんなのストーリー。
一二月号　チャーミングなひと。

二〇一七年

一月号　贈り物と、絵本。
二月号　おやつは、大切。
三月号　部屋と心と体を、整える。
四月号　学びたい。
五月号　つくりのいいもの、のある生活。
六月号　心地よい、朝のすごし方。
七月号　キッチンと道具。

八月号　旅をしたくなる。
九月号　猫がいる。
一〇月号　ふだんの食卓、器と料理。
一一月号　つくりのいいもの、のある生活 '17秋冬。
一二月号　時代を超えて、いいもの。

ここからは、心地よい日常を過ごすために、ふだんの食卓を大切にし、部屋と心と体を、整える『&プレミアム』読者の姿が見えてくる。それは、現在の『カーサブルータス』読者や『クウネル』読者とも共通する姿勢である。

そこでは、日々の「くらし」を大切にしていることの象徴として、朝食がクローズアップされている。ゆえに、朝食の主役であるパンやコーヒーは何よりも大切なものとして、何度も特集されるのだ。ていねいに朝ごはんを食べることから始まる上質な「くらし」。まさにそれこそが、現在のライフスタイル誌が繰り返して推奨する最新の「ライフスタイル」である。昼食でも夕食でもない。おざなりにされがちな朝食を大切しているかどうかで、その人の真価は問われる。「ていねいなくらし」は朝食に宿るのである。

こうして、最先端のライフスタイルを実践するには、世界に建築やアートを観に出かけて行くのではなく、自宅でおいしいパンとコーヒーを用意して朝ごはんを食べる時代がやってきた。女性だけではなく、男性もまたパンやコーヒーにこだわり、朝ごはんを大切にし始めたのだ。そんなライフスタイルをいち早く実践している男性が、『クウネル』二〇一七年七月号「心地よい暮らしのヒントは生活の定番から」に登場する元『暮しの手帖』編集長で、現在はウェブ上で「くらしのきほん」を主催するエッセイストの松浦弥太郎である。「松浦弥太郎さんは朝ごはんが生活の定番。」と題された特集記事で、彼は自らの朝食の定番である「グラノーラ」[9]について語り、実際に一週間のメニューを紹介している。

一日の始まり、最初の食事。
朝ごはんは暮らしのベースとなるものです。
松浦さんのスタンダードはグラノーラ。
栄養価の高いオーツ麦グラノーラに
ナッツや果物を添えて好みの味にカスタマイズ。
「グラノーラ1週間」を見せていただきました。（『クウネル』二〇一七年七月号）

それによると、松浦は「三十年前、アメリカで初めてグラノーラという食材に出会った」ようだが、「今に至っては、もはや自分のレシピで作るようになり、朝食の定番として、グラノーラは、日々の暮らしに溶けこんでいる」と言う。

「自家製のグラノーラと、お気に入りのボウルがあれば、あとは好みの組み合わせやトッピングを選ぶだけ。最高の朝食が出来上がる」らしいのである。

このように、『クウネル』で滔々と自らの朝ごはんを「最高の朝食」と紹介できる松浦弥太郎とは、いったいいかなる人物なのか。なぜ、彼は「くらしのきほん」を主催する「くらし」の伝道者たりうるのか。もちろん、そこには松浦が『暮しの手帖』編集長であったという経歴が大きく関係しているだろう。何しろあの『暮しの手帖』の編集長を九年間も務めたのだから。あの『暮しの手帖』――ライフスタイル誌などというジャンルどころか、ライフスタイルという言葉すら一般的ではない時代[10]に、いち早く「暮らし」をテーマにした雑誌として時代を牽引したのである。しかも、「暮らし」という領域にいち早く男性が取り組んだのが、『暮しの手帖』なのだ。「美しいくらし」「ていねいなくらし」が流行する半世紀以上前に、女性領域である「くらし」に正面切って取り組んでいた男性がいたのである。

2 『暮しの手帖』と二人の編集長

『暮しの手帖』と花森安治

『暮しの手帖』は、戦後間もない一九四八年に元『日本読書新聞』記者であった大橋鎭子と花森安治によって生み出された。「なるたけ具体的に衣食住について取り上げ、暮らしが少しでも楽しく豊かになるような雑誌を作ろう」（『暮しの手帖　別冊「暮しの手帖」初代編集長花森安治』一四頁）その創刊への想いは、食べることすらままならない戦後の混乱期において、日々の暮らしの中に希望を見出だそうとする人々への何よりのエールとなっていった。

「雑誌作りの才能にあふれる花森と、花森のアイデアを実現するためにひたむきに行動する鎮子、ふたりは同志であり、互いに替えの利かない名コンビになっていきました。」（『暮しの手帖　別冊「暮しの手帖」初代編集長花森安治』一五頁）新雑誌に対する二人の情熱や奮闘ぶりは、モデルとなった朝の連続テレビ小説『とと姉ちゃん』でも描かれたが、とりわけ花森安治は、衣食住をテーマにさまざまな企画を生み出すまさにカリスマ編集長と呼ぶに相応しい人物であった。花森の功績に関しては、すでに多くが語られている。(11) 戦後の混乱期、高度経済成長期を経て、日本の暮らしが豊かになっていくさまを花森は稀代の名編集長として、見守り続けてきたのである。

ぼくはペンの力で、「あたりまえの暮らし」を守る。

「もう二度と戦争を起こさないために、『暮らし』を大切にする世の中にしたい」という想いで、『暮しの手帖』を創刊した。（『暮しの手帖　別冊「暮しの手帖」初代編集長花森安治』表紙・三頁）

一九四八年の創刊当初は『美しい暮しの手帖』という名がつけられていた。当初から『暮しの手帖』という誌名を予定していたのだが、「それでは暗くて売れない」と取次会社に言われ、やむなく「美しい」という形容詞をつけることにしたという逸話も残っている。（津野 2013: 187）しかし、創刊から五年近くを経た一九五三年発行の二二号からは「美しい」が消え、花森が意図した『暮しの手帖』になっている。その次の年から始まったのが、『暮しの手帖』の代名詞ともなった、あの「商品テスト」である。花森が考案した新企画「商品テスト」は、まだまだ粗悪品が多かった時代に、実際に商品を使って、忌憚のない意見を掲載するというものであった。

「なにもかしこい消費者でなくても、店にならんでいるものが、ちゃんとした品質と性能をもっているものばかりなら、あとは、じぶんのふところや趣味と相談して、買うか買わないかを決めればよいのである。そんなふうに世の中がなるために、作る人や売る人が、そんなふうに考え、努力してくれるようになるために、そのために〈商品テスト〉はあるのである」（『暮しの手帖別冊「暮しの手帖」初代編集長花森安治』三八—三九頁）

「商品」テストは高度経済成長期において、工業製品の品質を改善するきっかけともなるほどの影響力を持ったが、それは、単なる商品の批評には留まらなかった。

〈商品テスト〉は、もちろん商品の批評にはちがいないが、その判断の基礎には、暮しに対しての深い目と、時代の動きについてのひろい考えがなければならない。ある意味では〈商品テスト〉は商品の批評であると同時に、社会批評であり、文明批評でもなければならないからである。その意味でテスターには、それに耐えるだけの努力が要求されるのである。（津野 2013: 240）

このように、「批評のないところに進歩はない」という花森の考えから、時には辛辣な社会批評や文明批評となることもあった「商品テスト」だが、その存続のためにも『暮しの手帖』は広告を載せないという方針を創刊より貫いた。広告がないというスタイルは現在でも受け継がれており、『暮しの手帖』という雑誌の根幹を成すが、その意義について花森は次のように述べている。

広告をのせることで、スポンサーの圧力がかかる、それは絶対に困るからである。

暮しの手帖は、暮しの手帖なりに、一つの主張があり一つの志がある。それがほかの力でゆがめられるとしたら、もっての外である。ことに〈商品テスト〉の場合、その結果に対して、なにかの圧力がかかってゆがめられたりしては、折角のテストの意味がなくなってしまう。〈商品テスト〉は絶対にヒモつきであってはならないのである。（津野 2013: 233-234）

よって、今に至るまで『暮しの手帖』には雑誌にはつきものの広告がない。唯一の例外は、通巻三号の初刷にのみ、資生堂の化粧品の広告が裏表紙に掲載されたことだが、その一度きりである。(12)

このように、全頁を花森安治の美学で貫くため、また「商品テスト」を厳正に行うために、『暮しの手帖』は広告を掲載しないのはもちろん、花森亡き後もレイアウトや印刷手法に至るまで雑誌そのもののスタイルを守り続けてきた。それは、花森が創り上げた『暮しの手帖』を次世代に継承するだけでなく、「ぼくらに、守るに足る幸せな暮らしがあれば、戦争は二度と起こらないはずだ」という花森の想いを守り続けるためでもあっただろう。「本当によい暮らしを作るために、ひとつひとつは力が弱いかもしれないが、このペンの力で、ペンを武器にして対抗していくのだ」（『暮しの手帖　別冊「暮しの手帖」初代編集長花森安治』一一二頁）それは雑誌編集者としての花森の、矜恃に満ちた決意表明の襷をつなぐことでもあった。

かれの死後も『暮しの手帖』は残された人びとや新しい人びとの手で刊行されつづけた。いまでもつづいている。でも当然ながら、花森安治という異形の編集者の個人的な運動としての『暮しの手帖』は、かれの死とともに終わったのである。（津野 2013: 296）

『花森安治伝』を書いた津野海太郎は、このように記している。花森の個人的な運動としての『暮しの手帖』は、一九七八年、彼が六六歳で永眠した時に終わったのだと。全く同じスタイルを踏襲したとしても、花森が誌面を通じて全力で読者に伝えようとしたメッセージというものはやはり薄らいでしまうのではなかろうか。

長年にわたって、花森によって築かれた美学と理念を継承するために、花森のスタイルを守り続けてきた『暮しの手帖』[13]であるが、ついにと言うべきか、二〇〇七年二月一日発売の第四世紀二六号・通巻三七六号より、大幅にリニューアルされることとなった。部数低迷の救世主として、個性的なブックストアを手掛け、エッセイストとしても高く評価されていた松浦弥太郎を新編集長に迎えたからである。外部から招かれた松浦は、花森のスタイルを踏襲するあまり、ある意味古色蒼然としていた『暮しの手帖』に現代的なスタイルを取り入れはじめた。編集長就任と同時に、まずは『暮しの手帖』の代名詞でもあった「商品テスト」を、人手とコストが掛かることなどを理由として、第四世紀二六号・通巻三七六号の「GPS機能のついた子ども用携帯電話をテストする」と「銀行のサービスをテストする」を最後に廃止してしまったのである。

もし、初代編集長・花森が「商品テスト」なき『暮しの手帖』を知ったら、何と言うだろうか。そんなものは、もはや『暮しの手帖』ではないと言うだろうか。それとも、時代の変化に対応するために「商品テスト」を廃止せざるを得なくなった新生『暮しの手帖』を、仕方がないとして柔軟に受け入れるだろうか。

広告をとらないという主義だけは死守しているものの、花森亡き後も、「商品テスト」をはじめとして代々受け継がれてきた独自のスタイルに大胆にテコ入れし、新たな『暮しの手帖』を誕生させたのが、松浦弥太郎なのであった。「はじめまして、読者のみなさま。新しく編集長に就任しました松浦弥太郎です。（……）暮しの手帖は、この春の訪れを待つように、はじめの一歩を踏み出したところです。どうぞみなさま、私たちの歩みをあたたかくお守りください」（『暮しの手帖』

26・二〇〇七年二・三月号「編集者の手帖」より）

松浦が手掛けるようになってから、『暮しの手帖』はみるみる売り上げ部数を回復し、彼が編集長になって六年目の二〇一三年には過去最高の部数に達した。(14) なぜ、出版業界で働いた経験のない松浦弥太郎が、そのような快挙を成し遂げることができたのだろうか

『暮しの手帖』と松浦弥太郎

松浦弥太郎は、一九六五年に東京で生まれた。高校中退後、単身で渡米するが思うように英語が話せなかったことから、もともと好きだった本屋に入り浸るようになる。やがて、写真集やアートブック、古本などに興味を示すようになり、帰国後の一九九二年に横浜でオールドマガジン専門の書籍販売を行う m & co. booksellers を立ち上げる。また、二〇〇〇年にはトラックによる移動書店 m & co. traveling booksellers をスタートさせる。さらには、二〇〇二年にデザイナーの小林節正と「自由」をテーマにしたブックストア COW BOOKS(15) を中目黒にオープンさせた。厳選された家具が置かれた店内ではもちろんコーヒーを味わうこともでき、これは、第三章で論じた、いわゆる個性派書店の先駆けとも言えるものだ。

二〇〇二年にカウブックスをはじめるとき、共同経営者の小林節正氏と、ひとつも違わなかったこだわりがあった。それは本の品揃えよりも、店の内の居心地だった。自然光が眩しいくらい

入る入り口、店の空間のほとんどを占める照明付きの一枚板の大テーブル、そしてやはり無垢のウォールナットをはめこんで作ったイームズ夫妻デザイン[16]のスツールを揃えることだ。（松浦 2013b: 169）

このように、「居心地のいい本屋さん」を目指して創られたCOW BOOKSは、現在でもその方針を貫いており、その後雨後の筍のように全国的に広がっていくカフェと「家具の書籍」を備えた書店の「手本」ともなった。

七年経った今、それはひとつも間違いでなかったことをお互いに確信している。カウブックスの自慢は、本の品揃えうんぬんではなく、店が続く限り、変わることのないこのテーブルとスツールだ。（松浦 2013b: 169）

本の品揃えよりもテーブルとスツールにこだわった書店。どこまでも居心地のよい空間を追求した本屋さん。それはまさに、現在流行中の「居心地のいい本屋さん」や「本と、本が作る場所」を一〇年以上前に先取りしており、時代の動きに対する松浦の嗅覚の鋭さ、先見の明をうかがうことができる。この時代を先取りする見事な感覚が功を奏して、しだいに松浦は本に関する仕事のほかに、編集や翻訳、エッセイの執筆など幅広い分野で活動するようになる。エッセイに『暮しの手帖』について書いたことから、二〇〇六年に行われた「花森安治と『暮しの手帖』展」にかかわることになり、その年のうちにいきなり『暮しの手帖』に編集長として迎えられるのである。そのいきさつについては、松浦自身が次のように語っている。

僕に編集長の依頼があったきっかけは、2006年2月に世田谷文学館で開催された企画展「花森安治と『暮しの手帖』展」でした。ひょんなことから同展のお手伝いをすることになり、会期中のトークショーで「『暮しの手帖』をテストする」と銘打って、「『暮しの手帖』は真面目に作っている素敵な雑誌だけど、今は時代に取り残されている」というような話をしたんですね。『暮しの手帖』の関係者がずらりと座っている前で。

自分たちが作っている雑誌を意見されて、関係者の方々にとっては気持ちのいい話ではなかったと思うのですが、花森さんとともに『暮しの手帖』を創業した大橋鎮子さんが「面白かった」と言ってくださって。数カ月後に当時の社長から電話があり、「編集長をやっていただけませんか?」と依頼されました。僕には出版業界で働いた経験がまったくなかったので、不安もあってすぐにお返事はできませんでしたが、それでも社長は「あなたにやってほしい」とおっしゃった。そこまで僕を信頼し、必要としてくれているのなら、大げさな表現ですが、命をかけてもその気持ちに応えたいと依頼をお受けしました。（就職ジャーナル　インタビューvol.109　松浦弥太郎

http://journal.rikunabi.com/p/worker/job/7417.html　二〇一七年一一月二八日最終アクセス）

こうして、まさに三顧の礼で編集長として迎えられた松浦は、創刊以来の伝統を守るゆえに「時代に取り残されてい」た『暮しの手帖』を大きく変えていった。繰り返すように、松浦が編集長に就任して以降、『暮しの手帖』はもはや新しく生まれ変わったと言っても過言ではないだろう。「商品テスト」を廃止しただけでなく、花森が確立したスタイルを踏襲するあまり、良くも悪くも時代の空気感とは乖離していた『暮しの手帖』に流行の要素を加味したのである。二〇〇七年から編集長を引き継いだ松浦は、まず表紙をグラフィックデザイナーの中條正義による書き下ろしに変えて一新し、日々の生活の中で、まねをしたくなるようなことがらや、欲しくなるようなモノ、センスのある人を取り上げるなど、次々と新しい風を吹き込んでいった。二〇〇七年一〇・一一月号（三〇号）の特集「ヒルサイドパントリー代官山の晩御飯」(17)などは、今までの『暮しの手帖』ではありえない記事であろう。

自らがマガジンハウスの雑誌『POPEYE』で育ち、さらに米国に渡ってセンスに磨きをかけた松浦が手掛ける『暮しの手帖』は、若い読者を増やすきっかけとなった。すでに五〇代以上の主婦に偏っていた読者層は、しだいに三〇代、四〇代にも広がりを見せるようになり、発行部数も大幅に増えることとなった。その面を見れば、松浦の大胆な改革は成功したと言うことができるだろう。

しかしながら、それは消費社会に対して、一定のスタンスを保ち、批判精神を持ち続けた従来の

『暮しの手帖』とはやはり異なるものだった。

節約や工夫をかがやかせる光源、貧乏ゆえの創造性、『暮しの手帖』をささえていた戦後的心性はあっというまに無用のものと化し、入れ替わりに、旧友の岩堀喜之助と清水達夫がひきいる平凡出版あらためマガジンハウス社の、大量消費社会を前提にした新しい女性むけ生活誌『クロワッサン』が登場してくる——。（津野 2013: 252）

津野はマガジンハウスが発行する『クロワッサン』に代表される雑誌を、大量消費社会を前提にした新しい生活誌であり、『暮しの手帖』とは対極にあるものとして位置づけているが、『POPEYE』育ちでアメリカナイズされている松浦が行ったことは、一言で言えば『暮しの手帖』のマガジンハウス化ではなかったか。それは、『ブルータス』誌上で「松浦弥太郎の『男の一流品カタログ』(18)（二〇一四年九月一日号）を展開してしまう松浦の「一流品」へのこだわりと、『日々の100』（二〇一三年）『100の基本 松浦弥太郎のベーシックノート』（二〇一二年）『しごとのきほん くらしのきほん100』（二〇一六年）という著書のタイトルにもあらわれているように、あらゆるものごとを一〇〇という数で区切り、カタログ化する松浦の編集方針に基づくものであった。すなわち、松浦によって『暮しの手帖』はマガジンハウスの方向へと大きく舵を取ったのであり、津野が言うような『暮しの手帖』を支えていた「戦後的心性」は最後の灯火を消されたのではないだろうか。

しかし、松浦自身は、そのようには捉えてはいない。自らが編集長になっても、『暮しの手帖』の基本は何も変えていない。むしろ、「『暮しの手帖』が唱えていることが今再び、生活者に必要とされる時代になった」（松浦 2013b: 47）とまで言い切っている。確かに「日々の暮らしを大切にする」という『暮しの手帖』の発刊に際しての精神は、松浦が著書で提唱しているような「ていねいなくらし」にも通じるように思われる。

もしも現在、なにも知らずにあの「発刊の辞」を読めば、おそらく多くの人が、ロハスとかスローライフとか、消費社会化が行きついたはてにあらわれた「持続可能な社会」をめざす運動や、それに先立つ六〇年代のヒッピー運動のようなものを思い浮かべるのではないだろうか。（津野 2013: 186）

もちろん、このロハス的な解釈が間違っているわけではない。しかしながら、「一九四八年（昭和二三年）の日本で「あなたの暮し方を変えてしまう」と花森がしるす時、その「暮し」は、まずは戦後直後の、住む場所どころか食うものも着るものもない、貧困のどん底にまで落ちた日本の社会と、追い詰められた人びとの生活を意味していた」（津野 2013: 186）のである。したがって、花森は『美しい暮しの手帖』という誌名をつけることによって、「暮し」という言葉の意味そのものを変えたのだ。二〇年近くかかって『生活』の代わりに『暮し』という言葉を定着させた（田所1976）のである。『図書新聞』の創刊者である田所太郎によれば、近代の日本においてLifeの訳語として用いられた「生活」という語は、西欧風の近代化のイメージを持っていたが、和語の「暮らし」という言葉は「暮らし向き」とか「その日暮らし」というように昔ながらの庶民の貧しい日常と結びついていた。その「暮らし」を貧しさから解き放ち、新たなイメージを付与したのが、花森なのである。[19] 花森によって、「暮らし」という言葉は、貧困のどん底から立ち上がっていく際の原動力となった。『美しい暮しの手帖』は何よりも、「あたりまえの暮らし」を守るために「もう二度と戦争を起こさないために、暮らしを大切にする」ために創刊されたのだ。花森の「美しい暮らし」には反戦への決意と希望が込められている。だが、松浦の「暮らし」は異なる。「く、ら、し」と松浦が言う時、それは、すでに高度消費社会を経た私たちの目の前にあらわれた、持続可能な社会のための「くらし」を意味してしまうのだ。

美しい暮らしとは、つねに目に見える新しさありきで、新しいモノ、新しい情報、新しい雰囲気を、今すぐ生活に取り入れることが豊かさであるとされていた。しかし時代は変わり、新しさという目に見える何かで、本当の豊かさを手にすることはできない。それだけでは暮らしが満たされることが無いことに私たちは気がついた。消費という名の新しさで、暮らしを埋め尽くしてみたけれども、そこに残っているのは、寂しさやむなしさや違和感だった。目の前の暮らしが、飾りのようでちょっと嘘っぽいというような。（松浦 2013b: 47）

モノが溢れる高度消費社会の果てに行きついた現代において、改めて問われる本当の豊かさとは何か。それは決して新しさという目に見えるモノではなく、目に見えないものであるはずだ。目に見えないものこそ大切なのだ。「私たちは見えるものにではなく、見えないものに目を注ぐ。[20]」──まるで聖書の言葉のように、松浦は、「目に見えるモノや、あるもの、出来事、そういった現実の後ろに潜む物語や、心持ちや知恵」（松浦 2013b: 47）が重要なのだ、それこそが本当の豊かさなのだと主張する。なぜなら、「見えるものは一時的であり、見えないものは永遠に続くからである。[21]」だから、松浦の数多くのエッセイは具体的なモノの背後にある物語から成り立っている。『日々の１００』（松浦 2013b）のように、具体的に目に見える一〇〇のモノを提示しながら、目には見えない大切なものを提唱するのが松浦のやり方である。あるいは、『しごとのきほん、くらしのきほん１００』（二〇一六年）のように、モノの代わりに、具体的なビジネスのノウハウをアドバイスしながら、その背後にある精神論を説いていくのが松浦の真骨頂なのである。松浦の著書では、豊かな生活を送るために彼によって厳選された一〇〇のモノが示されたうえで、そのモノを選んだ理由や逸話が畳みかけるように語られる。例えばそれは、「村上開新堂のクッキー」であったり、「アイリッシュリネンのハンカチーフ」であったり、「宮脇賣扇庵の扇子」や「SMYTHSON のアドレス帳」や「リチャード・ブローティガンの詩集」といったものである。それらはもちろん、「くらし」のプロフェッショナルである松浦のお眼鏡に適ったものではあるが、彼独自の審美眼というよりも、食品、生活雑貨、文具、家具、衣料品から芸術、文学作品に至るまで、どれもすでにそのジャンルの一流品として、名を馳せているものが多い。要するに、誰もが知るコマーシャルな高級《ハイ》ブランドではないが[22]通の間では知られている逸品、いわゆる老舗ブランドとして高い評価を得ているメーカーの品が結果的に並んでいる。つまり、松浦は日々の「くらし」にまつわるあらゆる品々の一流品図鑑を作っているにすぎないという見方もできる。しかしながら、彼が「松浦弥太郎」であるゆえんは、そのモノを選んだ理由を単に一流品だからで終わらせないところにある。その背後にあるきわめて個人的なモノ語り＝物語をきちんと展開することによって、そのモノを選んだことを正当化し、松浦の選択こそが唯一無二の正解であるかのように、読者に思わせることである。

> 文房具において、アメリカとイギリスと日本を比べると、悩むことなくイギリスに軍配が上がる。評判のよい日本製は、いくら品質を上げても、所詮、西欧文化の後手であるから仕方がない。品質が良くても、いつまでたっても味気ない。職人的技術が乏しいアメリカは、大量生産は得意だが、手仕事となると面目を失う。（松浦 2013b: 79）

このように断言されるともう、SMYTHSONに代表されるイギリス以外の、とりわけアメリカ製や日本製の文具が味気なく、野暮で、まがいものであるかのように思えてくるのではないだろうか。松浦が選ぶ「日々の100」は、生活に不可欠な必需品というよりは、むしろそうではないものがほとんどだ。「いせ辰のぽち袋」も「アイリッシュリネンのハンカチーフ」も「ヒルサイドパントリー代官山のツナサンド」も、別になくても日常生活において一向に困らないものばかりである。しかしながら、読者は著書を読み進めるうちに、「本当の豊かさ」を手に入れるためには、「ていねいなくらし」を実践するためには、それらが必要なのだという気にさせられてしまう。


毎日必ず、同じものを使う。

これほど気持ちのよいことはないと思うのです。

いつも、清潔で、使い心地がよく、人に与える印象もさわやかなもの。こんな身支度が無意識にできれば、日々はすこやかに回っていくと感じます。毎日にきちんとしたリズムができていきます。

僕にとってそんなアイテムは白いハンカチ。アイリッシュリネンかシーアイランドコットンのものを、二〇枚ほど持っています。（松浦 2013a: 59）

「アイリッシュリネンのハンカチーフ」は松浦が手掛けた新生『暮しの手帖』でも「メイドインいいもの①」として真っ先に紹介されていた。「私の暮らしになくてはならないものになりました。」「今のところこれ以上のハンカチーフには出会っていません。」[23]ここまで太鼓判を押されると、日々をすこやかに回し、毎日にきちんとしたリズムをつくるためには、「アイリッシュリネンの白いハンカチ」を揃えなければならないといつしか読者は思わせられていくのではないか。

こうして、松浦のお墨付きを得た一流品は、松浦流の「ていねいなくらし」を実践するための生活必需品（くらしのきほん）となる。それを手に入れることは、虚飾に満ちた新しさを求めるための消費ではなく、本当に豊かな生活を手に入れるために必要不可欠な消費である。それは間違った消費ではなく、正しい消費であると言ってもよいだろう。正しい消費のあり方を教えてくれる「くらし」の「目利き」は当然のことながら、日常の「くらし」という範疇を超えて、仕事や生き方の「目利き」として、あがめられるようになる。松浦にとって、「しごとのきほん」と「くらしのきほん」は密接に関わっているからだ。

　そのときに、はっと思ったのは、仕事とは暮らしであり、暮らしとは仕事であるという、仕事と暮らしを切り離して考えていた自分を覆すような意識が生まれていることでした。そして、仕事も暮らしも、頭を使う作業ではなく、心を働かせて、大いに楽しみ、大いに学ぶことであると意識が変わっていたのです。（松浦 2016「松浦弥太郎のきほん1」より）

こうして、松浦弥太郎は、今やビジネス書とも呼べるような自己啓発本を次々と出版するようになっている。『はたらくきほん――毎日がスタートアップ』（二〇一七年共著）『おとなのきほん――自分の殻を破る方法』（二〇一七年）『日めくり弥太郎――日々のきほん』（二〇一七年）『自分で考えて生きよう』（二〇一七年）『「自分らしさ」はいらない――暮らしと仕事、成功のレッスン』（二〇一七年）。その傾向は、二〇一五年四月に『暮しの手帖』編集長を退任して、クックパッドへ移籍し、さらにその後独立してからいっそう強まっている。クックパッドへ移籍した理由として松浦は、二〇一三年に暮しの手帖社社主である大橋鎭子が亡くなったこと、五〇歳を目前にして新たなチャレンジをしたいことを挙げているが、それは「ステップアップではなくて、自分がまったくやったことがないことをやりたた」かったからだと言う(24)。

このように決断した松浦はクックパッドに移籍後の、二〇一五年七月にウェブメディアである「くらしのきほん」を立ち上げる。「くらし」を豊かにする知恵と工夫を発信することを目的とする「くらしのきほん」は、その後、松浦が二〇一六年一二月にクックパッドを辞めてからも、彼のホームベースとして、常に新しいことを吸収し、アップデートしていくという生き方に基づき日々三回更新される(25)。

みなさまへ

すてきと思うことは、
すべて基本のことだと思いました。

基本とは、何度も使えて、使うたびに楽しく、
使うほどに磨かれていくことです。

今日の暮らしのために。
そして未来の暮らしのために。

時代が過ぎても、決して古びない、
ほんとうに知りたい、価値のある基本を発信する、
衣食住、暮らしに必要な基本のアーカイブ。

それが「くらしのきほん」です。
あなたの暮らしはもっと楽しくなるのです。
（「くらしのきほん」ＨＰより。https://kurashi-no-kihon.com/ 二〇一七年一〇月二〇日最終アクセス）

このようにして、松浦流「くらしのきほん」は、まさに「くらしの手本」として、人々を魅了するようになっていく。『暮しの手帖』を離れ、クックパッドに移って、紙からウェブへとメディアを変えてから松浦の世界はますます「くらしの手本」としての独自色を強めていったと言えるだろう。

では、松浦が去った後の『暮しの手帖』はどうなったのであろうか。松浦は『暮しの手帖』から徹底して政治性や反権力的姿勢を排除してきた。それは、「商品テスト」を廃止したことだけでなく、記事の内容にも明確にあらわれている。とりわけ、東日本大震災後に福島原発事故関連の記事を取り上げなかったことは批判の対象にもなった。「暮らしを守る」という方針を掲げる『暮しの手帖』なら、原発事故や放射能の問題を独自の視点で記事にするだろう、と期待されていたにもかかわらず、松浦編集長のもとで『暮しの手帖』が震災や原発問題に触れることは決してなかったからである。なぜ、彼は取り上げなかったのだろうか。松浦は敢えて取り上げなかった理由を次のように述べている。

僕自身びっくりして、被災地の仮設住宅を訪ねました。すると読者の方が皆さん言うんですが、テレビも雑誌もネットも、悲惨な話しかしない時に『暮しの手帖』だけはどこのページを見ても震災のことも、放射能のことも書かれていなかった。あの時皆さんは現実逃避するために『暮しの手帖』を選んでくれたんです。雑誌やメディアは真実を伝えるという役割もありますよ。でも現実逃避させるという役割もあるんです。(26)

現実逃避させるメディア。「夢見るためのメディア」（山田 2000: 217）それは、まさに『an・an』や『Olive』のようなマガジンハウスが作り上げてきたファッション誌が担ってきた役割ではなかったか。ファッション誌などほかの雑誌がいくらでも担っていたはずの現実逃避という役割を、震災という問題に直面した際に、『暮しの手帖』が選択する必要はあったのだろうか。しかし、松浦編集長は批判を覚悟でこの選択を下したのだろう。これこそが、『暮しの手帖』における彼のスタンスだったのだ。

だが、二〇一六年春に、エッセイストで映画評論やプロデュースも手掛ける澤田康彦(27)が編集長になると、『暮しの手帖』は再び政治的なテーマも扱うようになった。民主主義や平和の必要性を訴える企画も見られるようになった。例えば、澤田が編集長に就任して最初の第四世紀八〇号では、料理や手芸などのページと並んで、「今デモが変わってきています」と題し、安保法制以降の国会前におけるデモの流れを紹介している。「政治はわたしたちの暮らしとは切り離せない関係にあります」「わたしたちがいちいち声をあげることで、もし物事が危険な方向に動いていれば、声の力は抑止力になります」と社会活動に参加する意味を誌面で読者に問いかけているのだ。また、それに続く八二号では、一八歳から投票が可能になったことを受け、「若い人に送る選挙ガイド」として、作家の高橋源一郎が学生たちと選挙や民主主義などをテーマに座談会を行った。

このように、松浦の手を離れた『暮しの手帖』は、政治性や反権力的な思想を帯びた雑誌へと回帰している。それは、「ペンの力で『あたりまえの暮らし』を守る」「もう二度と戦争を起こさないために、『暮らし』を大切にする世の中にしたい」という創刊に際しての花森の意志に再び結びついているのだろうか。

3　ていねいなくらしという呪縛――くらしのきほんと「Life Wear」

こうして、二〇〇七年から二〇一五年までの九年にわたって、松浦弥太郎は『暮しの手帖』編集長として、政治性、反権力的な姿勢を排除し、代わりに流行の要素を加味した新生『暮しの手帖』を世に送り続けた。同時に、すっかり「くらし」のエキスパートとしての地位を確立した松浦は、「くらし」と仕事、ひいては「生き方」を結びつけたエッセイ集を次々と出版するようになった。今や、彼は「くらし」を超えて「生き方」を指南するカリスマである。そんな松浦が、二〇一七年の春からあのユニクロと手を結び、「Life Wear Story 100」(28)と銘打って、ユニクロの服をテーマにHP上でエッセイを掲載し始めたのだ。

まず連載をスタートするに当たり、「Life Wear Story 100とは。」と題して彼は書く。

ユニクロには、
流行に左右されず、
けれども、決して古びることのない、
長い間、作り続けている普通の服がある。
品揃えの中では、
とても地味で目立たない存在である。
コマーシャルにもあまり出てこない。

このように、最初に流行性を否定したうえで、松浦はユニクロがベーシックな服を作り続けていることを確認する。また、そのベーシックな服は今までのユニクロのあり方を示すものだと述べる。

それらは、ユニクロが、
もっと快適に、もっと丈夫に、
もっと上質であることを
長年、愛情を込めて追求したものだ。

それらは、ユニクロの人格と姿勢が、

目に見えるかたちになったものであり、丹精に育てているものだ。

つまり、ユニクロが作り続けているベーシックで丈夫で快適かつ上質な服は、単なる服ではなく、服以上のもの、「ユニクロの人格と姿勢」の結晶なのだと松浦は力説する。何しろ、人格を持った服は「友だちのように、問いかけてくる」のである。

手にとり、着てみると、
あたかも友だちのように、
その服は、私たちに、
こう問いかけてくる。

豊かで、上質な暮らしとは、
どんな暮らしなのか？
どんなふうに今日を過ごすのか？
あなたにとってのしあわせとは何か？　と。

まさに『問いかけるファッション』(29)（成実 2001）である。暮らし方からしあわせとは何かまでを、着る人に問いかける服。

そんな服が、今までこの世界に、
あっただろうかと驚く自分がいる。

もちろん、松浦が言うように、そんな服は今までにあまり存在しなかったとも言うことができるし、逆にすべての服が、実は着る人に「暮らし方」や「しあわせ」を問いかけているとも考えられる。私たちは日々、着る服を選ぶことで、自分自身の「暮らし方」や「しあわせ」を選び取っているのだと。しかしながら、松浦はユニクロが近年提唱するLife Wearにこそ、その答えがあると結論づける。

ユニクロのプリンシプル（きほん）とは何か？
ユニクロは、なぜ服を、
Life Wearと呼んでいるのだろう。
Life Wearとは、どんな服なのだろう？

このように、松浦は自らが提唱する「くらしのきほん」とユニクロが近年掲げている「Life Wear」を結びつける。「Life Wear」は序章でも述べたように、「人々のライフスタイルや価値観をつくり、進化する未来の服。すべての人に必要な、究極の服」を指した。それは、「生活をよくするための服」とも言い換えられた。

ここでは、Life Wear の、
根っこを見る、知る、伝える。
そして、Life Wear と、自分にまつわる、
ストーリーを書いていきたい。

Life Wear Story 100 は、
Life Wear と僕の、旅の物語になるだろう。

というように、松浦は上質な「くらし」を提唱するエキスパートとして、「くらしのきほん」を知る目利きとして、ユニクロの「Life Wear」にお墨付きを与えるのだ。松浦とユニクロとの邂逅。「くらしのきほん」と「Life Wear」のマリアージュ。それは、今までにない相乗効果を生み出す素晴らしい結びつきであった。「くらしのきほん」を知っている松浦が「アイリッシュリネンのハン

カチーフ」を推奨するように、ユニクロの「Life Wear」こそ、「私のくらしになくてはならないものだ」と一〇〇のストーリーとともに語りかけてくるのである。もともと、「すべての人に必要な、究極の服」であり、「生活をよくするための服」である「Life Wear」が、さらに「くらしのきほん」の服として認定されるのである。もう、これ以上正しい服があるだろうか。これ以上エシカルな服があるだろうか。

いや、それはもう服ではないのかもしれない。服の形をしているが、服の形を借りた、「ていねいなくらし」という理念であり、エシカルなライフスタイルという記号ではないだろうか。あの松浦弥太郎も太鼓判を押すユニクロの「Life Wear」を着ることは、「ていねいなくらし」という最新のライフスタイルを実践していることにつながる。それは、決して間違った消費などではない。むしろ推奨されるべき正しい消費である。「ていねいなくらし」こそ、現在の私たちに求められているライフスタイルというファッションなのだ。もはやユニクロを否定する要素は一つもない。ユニ被り。ユニバレこそ素晴らしい。「ユニクロでよくない?」は「ユニクロがよくない?」へと今、着実に変わろうとしている。「ていねいなくらし」という呪縛とともに。

注

(1) フランスの『ELLE』と提携した日本初のグラビアファッション誌『an・an』(一九七〇年創刊)、男性向けファッション誌『POPEYE』(一九七六年創刊)、一〇代の少女向けファッション誌

『Olive』（一九八二年創刊）などは、一九七〇年代から八〇年代にかけて、ファッションを中心とした流行を牽引した。

（2）　赤文字雑誌に対抗する一大勢力として二〇〇〇年頃から台頭してきた青文字雑誌は、その多くが宝島社から出版されている。赤文字雑誌はタイトルロゴが赤い字で書かれていたことから赤文字雑誌と名づけられたが、青文字雑誌は赤に対して便宜上青文字雑誌と呼ばれているだけで、青文字でタイトルロゴが書かれているわけではない。

（3）　経済産業省にクール・ジャパン室が設置され、第一回クール・ジャパン官民有識者会議が開かれたのは、二〇一〇年一一月のことであった。その後、二〇一一年の震災を経て、二〇一一年五月に「新しい日本の創造――『文化と産業』『日本と海外』をつなぐために」と題した提言がまとめられた。提言では、震災による風評被害の払拭および、日本ブランドの信頼回復が急務とされ、①日本各地に存在するさまざまなモノやコンテンツを再発見して発信すること、②それらを輸出すること、③さらに観光客の誘致につなげることを主な取り組みとした。

（4）　家事を女性の仕事と見なすまなざしは、明治時代の良妻賢母教育に端を発し、性別役割分業として強固なまでに現代の私たちの中に根づいているが、ジェンダーディバイドなメディアである雑誌もその規範を強化するものとして長年にわたって作用してきた。

（5）　一九八五年から一九八七年にかけてのリセエンヌ全盛期の『Olive』の編集長を務め、その後『an・an』、『GINZA』などマガジンハウスを代表するファッション誌の編集長を歴任した。二〇一六年の『クウネル』のリニューアルに際しては、「30年後の元オリーブ少女」をターゲットとする編集方針を採った。

（6）　Amazonには二〇一七年一〇月二〇日時点で、一〇二件のレビューが寄せられているが、そのうち九〇件が星一つの評価を下している。「悲しすぎるリニューアル。クウネルくん、今までありがとう、さようなら。」「今までと全くコンセプトが異なり、別の雑誌です。つまらないです。もう買いません。今までのクウネル読者にはおすすめできません。」などの声が寄せられている。

（7）『STORY』の表紙モデルを務めていた頃は、元野球選手・清原和博夫人として誌面で紹介されていた。その後、人気が出たため他誌にも登場するなど、本格的にモデルとして活動の場を広げていったが、出自がいわゆる赤文字雑誌のモデルであるだけに、『クウネル』の表紙を飾ったことは意外性を持って受け止められた。

（8）『クロワッサン』は一九七七年に「ふたりで読むニューファミリーの生活誌」を掲げて創刊された。『an・an』読者がそろそろ結婚する年齢にさしかかったため、『an・an』のファミリーバージョンとして、感度の高い「ニューファミリー」がターゲットに定められた。その後、一九七九年にはキャッチフレーズを「女の新聞」に改めている。

（9）シリアルの一種であるグラノーラは、カルビーから発売されている「フルグラ」（フルーツグラノーラ）が突如として二〇一二年にヒット商品となるなど（発売されたのは一九九一年）日本でもかなり一般化している。

（10）ライフスタイルという概念は二〇世紀初頭から、アメリカの社会学者たちの間で社会階層、ないしは社会的地位との関連で用いられてきたが、その概念は曖昧なまま日本では一九七〇年代に入って、マーケティング的な観点からも使用されるようになった。現在ではライフスタイルという言葉がますます一人歩きし、流行語として多用されている状態である。

（11）主なものに『花森安治の仕事』（酒井 1988）『花森安治の編集室』（唐澤 1997）『花森安治伝―日本の暮しをかえた男』（津野 2013）など。

（12）「1世紀3号の初刷のみに、資生堂の化粧品の広告が掲載されています。黄色の枠の中に、薄赤色のドレスを着て白手袋をした上品な女性の絵とともに、ゾートス化粧品と商品名が表記されています。」（暮しの手帖社ＨＰより。https://www.kurashi-no-techo.co.jp/blog/shizukosan/160802　二〇一七年一〇月二〇日最終アクセス）

(13) 松浦によってリニューアルされるまでは、巻頭にも常に花森の言葉があった。花森亡き後も花森が編集長であるかのような雑誌づくりが行われていたのであろう。

(14) 「就職ジャーナル　インタビュー Vol.109　松浦弥太郎」より。http://journal.rikunabi.com/p/worker/job/7417.html　二〇一七年一〇月二〇日最終アクセス。

(15) COW BOOKSは、「everything for the freedom」（すべて自由のために）というスローガンのもとに、松浦のセレクトによって本が集められている。また、店内の本を買えなくても自由に読んでもらってかまわないという思いもそこには込められている。http://www.bayfm.co.jp/lob/guest/matsuura_yataro.html　二〇一七年一〇月二〇日最終アクセス。

(16) 『日々の１００』（二〇一三年）で松浦が大絶賛するチャールズ&レイ・イームズ夫妻のチェアは、『カーサブルータス』でもしばしば特集されている。イームズ夫妻が二〇世紀の工業デザインに与えた影響は計り知れないものがあるからだ。とりわけミッドセンチュリーモダンを代表するチェアは、現在でも高感度なカフェ等でよく使用されている。

(17) 一九九三年、自家製パンと高級食材の店として代官山ヒルサイドテラスにオープンした。天然酵母のパンや、輸入食材、惣菜などを購入することができる。店内にはイートインスペースもあり、ランチなどもできるが、『暮しの手帖』では、ヒルサイドパントリーで手に入れたパンや食材を使って晩御飯を楽しむことをすすめている。

(18) 後に、マガジンハウスから『男の一流品カタログ』（二〇一五年）として書籍化された。

(19) 以下、近代日本における「生活」と「暮らし」という言葉の解釈、および花森が定着させた「暮らし」の新たなイメージは田所（1976）による。

(20) 新約聖書コリント人への第二の手紙第四章一八節。
(21) 新約聖書コリント人への第二の手紙第四章一八節。
(22) 仮にそのようなブランド品であっても、一般的には知られていない逸品が選抜される。例えばエルメスのロールノートのように。
(23) 『暮しの手帖』二〇〇七年一・二月号（第四世紀二六号・通巻三七六号）。
(24) 『くいしんぼう』『男の一流品カタログ』刊行記念トークショーより。http://top.tsite.jp/lifestyle/lifetrend/i/26233491/index　二〇一七年一〇月二二日最終アクセス。
(25) おはよう、こんにちは、おやすみなさいにあたるそれぞれ、五時、一四時、二一時頃に更新されている。
(26) http://lite-ra.com/2016/09/post-2571_2.html　二〇一七年一〇月二二日最終アクセス。
(27) 大学卒業後、マガジンハウスに入社し、『ブルータス』などの編集を行う。編集者だけでなく、映画評論家、映画プロデューサーとしても活動している。マガジンハウス出身ではあるが、『暮しの手帖』に再び政治色をもたらす編集方針を採っている。
(28) 毎週火曜日に配信され、二〇一七年一〇月二四日現在、一二のアイテムが一二のストーリーとともに紹介されている。　https://www.uniqlo.com/lifewearstory100/011/　二〇一七年一〇月二四日最終アクセス。
(29) ファッションの中に潜む身体とアイデンティティにまつわる問題を、服飾、化粧、身体装飾、雑誌や広告イメージから問いかけた論集。

終章　「くらし」の時代
――ファッションからライフスタイルへ

1　『REAL SIMPLE JAPAN』はなぜ受け入れられなかったのか

かつて『REAL SIMPLE JAPAN』（日経BP社）というライフスタイル誌が存在した。二〇〇五年一二月に創刊されたものの、二〇〇九年一月号で姿を消してしまった。三年ちょっとの命である。二〇〇〇年に米国で創刊されたライフスタイル誌『REAL SIMPLE』の日本版であり、本国では「生活の悩みを解決し、忙しくても充実した毎日を送るための情報」を、美しい写真とわかりやすい文章で紹介し、圧倒的な支持を獲得した。しかし、日本ではそれほど支持されることはなかった。

なぜ、『REAL SIMPLE JAPAN』は日本で受け入れられず、ライフスタイルが重視され、本格的な「くらし」の時代が到来する前に、消えてしまったのだろうか。そもそも『REAL SIMPLE JAPAN』とは、どのような雑誌だったのか。

REAL SIMPLE JAPAN は提案します。

REAL SIMPLE JAPAN は、現代女性が抱える生活上のさまざまな問題を7つの分野に分けて、明解で簡潔に答えるソリューション（解決策）を提案します。

LIFE ＝人生を豊かにする賢い知恵
HOME ＝シンプルで美しい暮らし
FOOD ＝簡単でおいしいレシピ
STYLE ＝洗練のベーシック
BEAUTY ＝本当に必要なスキンケア&メイク
BODY ＝健康で美しい元気な身体
SOUL ＝新しい気づきや価値
（『REAL SIMPLE JAPAN』創刊号内容紹介より）

このように、『REAL SIMPLE JAPAN』は、日本の女性に対して、衣食住のすべてにおける「心豊かな暮らし」を提案したのであった。つまり、そのコンセプト自体は『クウネル』や『カーサブルータス』や『&プレミアム』といったライフスタイル誌が熱心に提唱し、また松浦弥太郎が繰り返し語っていることと基本的に大差はない。それなのに、なぜ『REAL SIMPLE JAPAN』は数年で廃刊となり、その前後に誕生した雑誌はその後もずっと存続し、ライフスタイル誌として「くらし」の時代を牽引しているのか。その違いはどこにあるのだろうか。

一つは、『REAL SIMPLE JAPAN』が『REAL SIMPLE』の日本版であったということだ。米国で絶大な支持を得ているライフスタイル誌だからといって、日本でも同じような支持を得られるとは限らない。過去にも多くの海外の雑誌の日本版が登場しては消え去っているが、(1)『REAL SIMPLE JAPAN』も同じような運命をたどったということだろうか。また、『REAL SIMPLE JAPAN』の登場が早すぎたということも関係しているだろう。二〇〇五年末と言えば、まだ人々は現在のように「くらし」に軸足を置いていない。エコ意識や環境問題への関心が芽生え、『ソトコト』のおかげでロハスがようやく知られるようになった頃である。『カーサブルータス』もさかんに「建築とファッション」を特集している時代だった。松浦弥太郎もまだ『暮しの手帖』編集長に就任していない。そんな時期にいきなり『REAL SIMPLE JAPAN』を上陸させるのは、時期尚早であったのではないか。震災を経て、「ミセスオーガニックさん」が出現し、『カーサブルータス』が「美しい暮らしをデザインする」方向に向かっていった頃なら、また違った受け止め方をされたかもしれない。とにもかくにも、ライフスタイル誌『REAL SIMPLE JAPAN』の創刊は早すぎたのだ。まだ、ライフスタイルはファッションではなかったのだから。

しかしながら、『REAL SIMPLE JAPAN』に先駆けて、二〇〇三年に『クウネル』が創刊されていることも看過できない。同じように「暮らし」をテーマにした雑誌が明暗を分けたのは、なぜだろうか。マガジンハウスの雑誌だから、少し時代を先取りしていても読者は付いてくると考えることもできるだろう。しかし何よりも『クウネル』と『REAL SIMPLE JAPAN』の最大の違いは「暮らし」をテーマにしながらも、ストーリーがあるかないかではなかろうか。『クウネル』のキャッチフレーズは「ストーリーのあるモノと暮らし」である。しかし、『REAL SIMPLE JAPAN』は、リアルでシンプルな「暮らし」を提案しながらも、その根底を支えるストーリーがない。「現代女性が抱える生活上のさまざまな問題を7つの分野に分けて、明解で簡潔に答えるソリューション（解決策）を提案」しており、きわめて実用的に、どのようにすれば快適な暮らしが送れるかが具体的に示されているが、『クウネル』のように、「コーヒーはいかが?」や「本はいいなぁ。」と読者に語りかけてはくれなかったのである。モノや暮らし方をいくら具体的に示し「解決策」を提案しても、それだけでは不十分だ。これが答えだと言われても、読者は納得できない。「目に見えるモノや、あるもの、出来事、そういった現実の後ろに潜む物語や、心持ちや知恵」（松浦 2013b: 47）が重要なのである。そこに至るまでのプロセスをていねいに示すこと、ストーリーを語ることが必要とされたのである。とりわけ、「ライフスタイル誌」自体も浸透しておらず、「上質でていねいなくらし」というものがまだ漠然としていた時代においては、ストーリーをきちんと語ることが大切であった。そこに登場したのが、『クウネル』であり、松浦弥太郎なのだ。ユニクロの「Life Wear」も、単に「すべての人に必要な服」「新しい価値観を創造する服」とそのコンセプトを提示しただけでは、十分に伝わらないのである。すべての人に必要な服が本当に存在するのか。新しい価値を創造する服とはどんな服なのかを具体的に説明しなければならない。そこで松浦弥太郎が、一〇〇のストーリー仕立てで「Life Wear」を語ることが必要になってくる。

ここでは、Life Wear の、
根っこを見る、知る、伝える。
そして、Life Wear と、自分にまつわる、
ストーリーを書いていきたい。

Life Wear Story 100 は、
Life Wear と僕の、旅の物語になるだろう。
（ユニクロＨＰより。https://www.uniqlo.com/lifewearstory100/014/　二〇一七年一一月七日最終アクセス）

と松浦が語る時、「LifeWear」は「くらしのきほん」の服としてお墨付きを与えられ、「本物」の「新しいライフスタイルや価値観」を作る服となっていく。上質な「くらし」を知るエキスパートとして、今最も信頼されているストーリーの語り部が、松浦弥太郎であるのは言うまでもない。松浦が『暮しの手帖』を経て、「くらしのきほん」を立ち上げる中で、手間暇をかけて朝ごはんを食べることは、手間暇をかけて服を着ることよりも重視されるようになり、「暮らし」は「くらし」になっていったのである。日々の生活を大切にする「ていねいなくらし」が流行するようになったのである。第四章でも詳しく述べたように、彼こそ、「ていねいなくらし」ブームの立役者と言っても過言ではない。

2 「くらし」の時代――ライフスタイル・ショッピング！

松浦は自ら「くらしのきほん」というサイトを立ち上げた頃から「くらし」という表記をよく使用するようになった。「暮し」でも「暮らし」でもない「くらし」。そこにはどんな意味が込められているのだろうか。初代『暮しの手帖』編集長・花森安治は、「暮し」に特別な意味を与えた。新雑誌を創刊することによって、「貧困のどん底にまで落ちた日本の社会と、追い詰められた人びとの生活を意味していた」（津野 2013: 186）「暮らし」という言葉を貧しさから解き放ち、「暮し」という新しい意味を付与したのである。「もう二度と戦争を起こさないために、暮しを大切にする」

──彼がそのように決意を表明したことで、「暮し」は貧困から立ち上がっていく際の原動力になるような希望の言葉になった。

しかし、高度経済成長期を経て「豊か」になった私たちは、「あたりまえの暮し」に慣れ、「美しい暮らしとはつねに目に見える新しさありきで、新しい情報、新しい雰囲気を、今すぐ生活に取り入れること」（松浦 2013b: 47）だと思うようになった。次々と流行を追い求める高度消費社会の果てにたどり着いたのは、持続可能な社会、ロハスな「くらし」であった。地球環境や社会に配慮して生活すること。健康を大切にして日々をていねいに生きること。本当の豊かさとは、物質的な豊かさではない。それはその背後にある目に見えない大切なものである。「ていねいなくらし」をすることによって、その大切なものが手に入る。アイリッシュリネンのハンカチーフを毎日使うことによって、日々が健やかに回り、毎日にきちんとしたリズムができるように。イームズのスツールを置くことや、本のある空間でコーヒーを飲むことで居心地がよくなるように。こうして、二〇一〇年代に入り、「くらし」の時代がやってきた。単に日常生活を慌ただしく送るのではない。じっくりと時間をかけて日々の生活を味わうこと。吟味し、厳選された日用品に囲まれて、ていねいにくらすこと、それがスタイルのある日常であり、「くらし」である。

スタイルのある日常を買う。「ライフスタイル・ショッピング」は近年の『カーサブルータス』が頻繁に特集を組んでいるテーマである。例えば二〇一六年七月号では、「スタイルのある日用品ショッピング・ガイド！　最新！　理想の暮らしが買える店75」と題して、うつわ、バス&ランドリー、グラス、マグカップ、キッチンツール、ガーデニングからトートバッグまで選び抜かれたさまざまな日用品を紹介している。また、「くらし」の道具や日用品を扱う個性的な店を訪ね、独自の世界観が表現された店のインテリアや店主の「哲学」が伝わってくる商品を掲載し、読者を「ライフスタイル・ショッピング」に誘う。もちろん、ご丁寧にも「日本全国・最新ライフスタイルショップガイド」付きである。ここに行けば、スタイルのある日常を買うことができる。逆に、ここに行かなければスタイルのある日常を買うことはできない。服はどこででも買えるが、ライフスタイルは厳選された店でしか手に入らない。ライフスタイルは買うものなのだ。買えるものなのだ。ちょうど、一九八〇年代の個性的な服のように。個性的な「くらし」は買うことで手に入る。

このようにして、スタイルのある日常「くらし」はおしゃれを陵駕するようになった。どこで買ってもたいして差がない服よりも、スタイルのある「くらし」こそ見せるに値するものになった。日々の「くらし」を見せるためのツールも登場した。SNSとは、その人がどんな「くらし」をしているのかを見せるのに最適な手段である。その人が何を食べ、誰と会い、どこへ行き、何を買ったのか。どのような部屋で何をして過ごしているのか。今までは、不特定多数の人々に知られることのなかったことがらが、写真や動画で拡散されていく。食べたものの写真、買ったものの写真、行った場所の写真、日常を切り取ったあらゆる写真。そこで作り出されるイメージはしだいに、現実が与える印象よりも強いものになっていく。

今まで服を着ることでのみ他者に与えていた印象を、SNSを通して「くらし」を見せることでいっそう強めることができるのだ。かくして、スタイルのある日常を見せることが、価値を持つようになっていく。

しかしなぜ、スタイルのある日常は「ていねいなくらし」とイコールなのか。それは第一章で論じたように「なんとなく、エシカル」な消費と切っても切り離せないからだ。とりわけ、二〇一一年の震災後は「なんとなく、クリスタル」な消費をすることは、もはや許されないムードになった。ラグジュアリーな消費は単なる浪費となり、「なんとなく、気分がいい」という理由でクリスタルなブランド消費をするなどということは、元『JJ』ガールですら躊躇わざるを得なくなった。二〇代の頃ブランド消費に明け暮れていた『なんとなく、クリスタル』の主人公は、五〇代となった現在、アフリカに眼鏡を届ける「社会貢献」活動に熱心に取り組んでいる。新専業主婦だった『VERY』読者は、「ミセスオーガニックさん」と呼ばれるようになった。「オシャレは都会的でも、気持ちはオーガニック志向で素材や心地よさ、丁寧なくらしを大切にするママ」（『VERY』二〇一一年五月号）でなければならない。そう、『VERY』読者もまた「ていねいなくらし」を第一義に掲げるようになったのである。すなわち、「なんとなく、気分がいい」ではなく、エコロジーかどうか、ロハスかどうか、フェアトレードかどうか、エシカルファッションかどうかを意識して物を買うことが求められるようになった。消費において倫理的に正しいということ、「エシカル」であることが重視されるようになったのである。同じものを買うのなら、「なんとなく、エシカル」な方を選ぶ。無意識のうちになんとなくエシカルなものを選んでみると、今の「私」の生活「ていねいなくらし」になっていたのである。

こうして、「なんとなく、エシカル」は無意識のうちに私たちの身の回りに溢れるようになった。第二本書では、第二章から第四章にかけて、なんとなく、エシカルな現象を具体的に取り上げた。第二章では、スニーカー、ランニング、グランピングのブームを通して、ヘルシーなファッションの中に潜む「正しさ」への志向を浮き彫りにした。健康に留意し、自然との共生を念頭に置いて行われる消費やアクティヴィティによって、エシカルなライフスタイルはますます広がっていく。第三章において取り上げた「ともに暮らす本」もそうである。極力、物を持たないシンプルな「くらし」が提唱される中で、所有することが許されるのが「家具の書籍」なのである。「くらし」の中に「知」を感じさせ、居心地のよさを醸し出す本ならば、消費に値する。あるいは本のある空間を消費することは、好ましいことである。たとえ、それがテーマパーク化した書店や図書館であっても。そこで本は一冊も手にとらず、コーヒーを飲んだだけであっても、その行為はなんとなく、エシカルな「正しい」こととして、推奨されるのである。「豊かで、上質なくらし」をしていることの証とされるのである。理想のくらし、「ていねいなくらし」を実践していることになるのだ。

誠実につくられた美しい日用品とデザインのいい家電に囲まれた理想の家でおいしいパンや野菜の楽しみを味わいながら、時間をかけて朝ごはんを食べる。時には、居心地のいい本屋さんにでかけ、本と音楽とコーヒーを楽しんだり、ライフスタイル・ショッピングにでかける。これが、現在のスタイルのある日常、別の言葉で「ていねいなくらし」である。ラグジュアリーな消費とは異なり、誰にも非難されない。環境にも社会にも配慮している。エシカルだ。非の打ち所がない。「ていねいなくらし」こそ、理想の「くらし」である。私たちはもはや「ていねいなくらし」という呪縛から逃れられなくなった。何をするにも、エシカルかどうかを気にするようになった。それは物を買うという消費においてだけでなくSNSで発信する際にも、当然意識されねばならない。私の行いはエシカルかどうか、倫理的に正しいかどうかが求められる。

もちろん、ライフスタイルもまた流行《ファッション》である限り、いつかは廃れていくであろう。早かれ遅かれ人々が「ていねいなくらし」に飽きる時がやってくるだろう。しかし、それでもなおエシカルなものを求める姿勢は残っていくのではないか。正しいかどうか。「私」の行いは理に適っているかどうか。「私」の「くらし」は、そして生き方は正しいかどうか。私たちが本当に逃れられないのは「正しさ」への志向という呪縛なのではないか。

3　「くらし」の時代において服を着るということ

二〇一六年にクリスチャン・ディオールのデザイナーに就任したマリア・グラツィア・キウリが、二〇一七春夏のファーストコレクションで発表した一枚のTシャツが大きな話題となった。なぜなら、ランウェイに登場したモデルが身に付けていたのは、「WE SHOULD ALL BE FEMINISTS」と書かれた白のグラフィックTシャツであったからだ。それは、メゾン創立七〇周年を迎えるディオールの長い歴史において、初の女性デザイナーとして迎えられたキウリの決意表明のようにも思われた。

「わたしたちはみんなフェミニストであるべき」という「政治的な言葉」を敢えて用いたディオールの姿勢に、ファッション業界の内外では驚きと共感の声が巻き起こった。女優のナタリー・ポートマンはトランプ大統領の就任翌日にニューヨークで行われた、女性の人権を訴える世界規模のデモ「ウィメンズ・マーチ」に、このTシャツを着て参加した。「すべての女性に男性と均等な機会と地位が与えられるのが当たり前になる日まで、闘い続けよう」と訴えたのである。また、シンガーソングライターのリアーナも、ウィメンズ・マーチ参加後に、同じディオールのTシャツを着ている写真をインスタグラムに投稿した。このように、まずはセレブを中心にディオールのフェミニストTシャツは広がりを見せたのであった。なぜなら、Tシャツとはいえ、ディオールブランドであるがゆえに、七九〇〇〇円のお値段が付けられていたからである。

そもそもこのスローガンはデザイナーであるキウリ自身の言葉ではなく、ナイジェリア出身の女性作家であるチママンダ・ンゴズィ・アディーチェの「We should all be feminists」と題したスピーチをもとにしている。そのスピーチは同じタイトルで書籍化されている（Adichie 2014＝2017）。スピアディーチェは男のためでなく「自分のために」ハイヒールを履く「フェミニスト」である。スピーチでは、「性別の差など窮屈な価値観にとらわれるのをやめて、自由になろう」と呼びかけた。

「男の子にも女の子にも料理を教えたらどうだろう」と身近なテーマで、わかりやすく語りかけたため、世界中でスピーチの動画が拡散し、本もベストセラーとなった。

なぜ、キウリは自らが手掛けた初めてのコレクションでこのスローガンを使ったのか。二〇一七年二月号の『VOGUE JAPAN』のインタビューにおいて、キウリは「ファッションには多くの人々への発信力と、軽やかな方法で深遠なテーマに触れる力があります」と語っている。確かに、このTシャツがもたらした影響力はセレブが火付け役となってインスタグラムで拡散されただけに留まらなかった。今やユニクロと並び日本を代表するファストファッションブランドであるGUも、二〇一七年秋冬のアイテムとして、スローガンTシャツを発売したからである。しかも、それはディオールと同じような白のシャツに黒字で、「YUP, I'M A FEMINIST（はい、私はフェミニストです）」と書かれているというものだった。値段もディオールの七九〇〇〇円を意識したと思われる七九〇円である。もちろん、これはディオールの呼びかけに対する返答なのではないだろうか。「WE SHOULD ALL BE FEMINISTS（私たちはみんなフェミニストであるべき）」「YUP, I'M A FEMINIST（はい、私はフェミニストです）」その見事な呼応に、マスコミも「七九〇〇〇円のディオールと七九〇円のGUは、同じ夢を見ている」と書いた。GUによれば、ディオールへのアンサーソング的な意味合いをはっきりと持っているわけではないが、「ジェンダーレスや、平等に生きようといったメッセージを〝ファッション〟によって表現していく」という世界的なトレンドをGUでも顧客に届けたいという思いで作ったものだと言う。(2)

平等をうたう、ということで、スローガンは「YUP, I'M A FEMINIST（そう、私はフェミニスト）」「EQUAL TO YOU（君と私は平等）」の2つになりました。ディオールに端を発して、よりお値ごろな商品を提供する我々のところにまでトレンドが浸透してきたということです。

――このTシャツをどんな気持ちで着てほしいですか？

スローガンTシャツが表現する世界観の通り、言葉を身にまとって思いっきり、男性であること・女性であることを楽しんでほしいと思います。

（http://www.huffingtonpost.jp/2017/06/23/gu-dior-slogan-tshirt_n_17266564.html　二〇一七年一一月七日最終アクセス）

こうして、ディオールに端を発したスローガン（ステートメント）Tシャツは、ファストファッションブランドにまで波及し、現在のファッションを語るうえで欠かせないものとなっているのである。しかし、なぜここにきてスローガンTシャツがトレンドに浮上するのか。白いTシャツにメッセージを書いてステートメントを表明するという方法は、全く新しいものではない。むしろ、古典的な、手垢にまみれきった手法と言っても過言ではない。しかし、それをクリスチャン・ディオールというメゾンが行ったことは注目に値するだろう。オートクチュールの流れを汲むパリモードを代表する高級《ハイ》ブランドが。シャネルならまだわかる。「女は男のためではなく自分自身のために装うべき」と主張したデザイナー、ココ・シャネルは自立した元祖働く女である。[3]

しかし、ディオールはその歴史を紐解いてみても、「フェミニンであること」「女性らしさ」、しかも男性から見た「女性らしさ」にこだわってきたメゾンである。なだらかな肩にウエストを細く絞ったジャケットと、広がった長いフレアースカートからなる「ニュールック」が一世を風靡した一九四七年から、ディオールは女性らしい身体を強調するエレガントなラインを特徴としていたのである。それは、当時「ニュールック」と呼ばれたが、一つには戦前にシャネルらが提唱したウエストを強調しないスタイルに対して、「ニュー」という印象を与えたからであり、新しいデザインというよりはむしろ、歴史的に見ればウエストとヒップを強調する一六世紀以降の女性服の基本形を現代風にアレンジしたものであった。その後、初代デザイナーであるクリスチャン・ディオールの死後も、イヴ・サンローラン、マルク・ボアンなどのデザイナーによって女性らしさを強調するディオールのエレガンスは受け継がれていく。一九八九年には、建築を学んだイタリア人デザイナーのジャン・フランコ・フェレがチーフ・デザイナーに就任し、より構築的でドラマティックな服を発表していく。初代ディオールのエッセンスをちりばめながらも、バブル期に相応しい華やかな服の数々は人々を魅了した。映画『プレタポルテ』[4]でプレタポルテ協会会長夫人を演じたソフィア・ローレンが纏っていたのも、フェレのディオールであった。一九九六年になるとイギリスのファッション・デザイナーであるジョン・ガリアーノ[5]がフェレの後に就任する。ガリアーノは、独創的でありながらも女性らしい身体を際立たせる服を作り続けた。キャミソールを取り入れた下着ファッションを提唱し、流行させたのも彼の功績である。奇抜なデザインでディオールに新しい風を吹き込んだガリアーノだったが、女性らしさを強調するディオールのエレガンスは、しっかりと継承されていた。しかしながら、二〇一一年に人種差別発言がきっかけとなり、ガリアーノはディオールのデザイナーを解任されてしまう(6)。その後は、一転してシンプルで装飾性をそぎ落とした服を得意とするデザイナー、ラフ・シモンズ(7)によって、メゾンディオールは新たな段階に入っていく。今までのディオールを象徴する華やかな女性らしさではなく、二〇一〇年代に相応しい女性像を示し始めたのである。ウエストを強調し、ヒップを際立たせる「ニュールック」も、シンプルな二一世紀バージョンに改められた。ガリアーノに顕著だった過剰なまでの装飾性は封印された。しかしながら、ラフ・シモンズもまた男性デザイナーであった。男性がデザインする二一世紀の理想的な女性像。その「女らしさ」は当然、男性が考える「女らしさ」に結びつくであろう。だが、二〇一六年に就任したマリア・グラツィア・キウリは女性である。

彼女は、ラフ・シモンズのシンプルさを受け継ぎながらも、さらに、力強さを主張した。一つ一つの服は、いっそう装飾性をそぎ落としたシンプルなものが中心になり、スポーティーでカジュアルなアイテムも増加した。そのような中で登場したのが、あのスローガンTシャツだったのだ。一〇〇万円近くするチュールスカートやレザージャケットなどと一緒に合わせられたのが、「WE

SHOULD ALL BE FEMINISTS」Tシャツだったのである。これが、女性デザイナーが提案する新時代のディオールであり、新しい「女性像」であるのだろう。女性で初めて、フランスのトップメゾンを代表するディオールのデザイナーの座に就いた、つまりある意味「ガラスの天井」を突き破ったキウリが採った方法が、Tシャツにメッセージを書くということだった。それは、新時代のディオールを表現すると同時に、女性デザイナーが女性のために服を作るということ、女性が服を着るということ、ひいては現代において服を着るということに対する一つの答えになっていたのではないかと思われる。

ここで一九八〇年代以降の「服を着ること」についてもう一度振り返っておこう。一九八〇年代はファッションの時代だった。奇抜で独創的なファッションをデザイナーたちは次々と発表し、受け止める側も個性的な服を着ることで「私」を表現していたのである。だからこそ、ファッションには追いかける楽しみがあり、おしゃれをすることは「生きがい」ですらあった。もちろん、ファッションが流行であり、そこに疑念を挟む余地はなかった。

しかしながら、一九九〇年代に入ると、ファッションによる差異化のゲームにも疲れ果てた人々は、シンプルな普通の服を好むようになる。個性的な服で「私探しゲーム」に興じるよりも、リアルクローズを着て身体を際立たせる方がいい。着る物よりも着る者が重視されるようになった。九〇年代も半ばになると、茶髪、ガングロ、目力、美白、身体改造に関する言葉が巷間を賑わし、人々はコスメで自己プロデュースすることに夢中になっていく。ファッションによる「私探し」からコスメによる「私遊び」へと時代は移り変わったのである。この頃から二〇〇〇年代にかけては、「服を着ること」において「コスメ」（身体改造）が欠かせないものとなった。むしろ、コスメがファッションを凌駕し、コスメが流行となった時代であった(8)。

しかし、スマホやSNSが普及し、身体改造もアプリを使って簡単にできてしまう(9)二〇一〇年代に突入すると、人々は自分の顔や身体を使って他者に働きかけるだけでなく、自らの日常生活そのものを見せて、発信するようになっていく。何を着るか、誰が着るかだけでなく、本書でも具体的に見てきたように、どんな日常を送っているのかが重視される、「くらし」の時代がやってきた。服だけおしゃれしていても、メイクだけキマっていても、ファッショナブルではない。日々何を食べ、どこへ行き、どんな部屋に住んでいるのか。どんな「くらし」をしているのか。そこでは、むしろ何を着ているのかはたいした問題ではない。すでに、おしゃれは「生きがい」などではなく、「おしゃれはほどほどでいい」「毎日同じ服を着るのがおしゃれな時代」となっている。「着ること」には時間もコストもあまりかけたくない。あまったエネルギーを「くらし」に注ぎたい。服は、生活をよくする「Life Wear」があればいい。あるいは、地球に優しく、社会貢献につながるエシカルなファッションがいい。何しろ、ファッションを追いかけないことこそが流行《ファッション》なのだから。「ていねいなくらし」を実践することこそ、最もファッショナブルなのだから。

「ユニクロでよくない？」――すべての人に必要な服、生活をよくする服「Life Wear」が着ることの「正解」としてまかり通っている「くらし」の時代に、いちばん嫌悪されるものは何か。すでにラグジュアリーな消費が終焉している時代にいちばん不要とされるものは何か。それこそ、オートクチュールの流れを汲むメゾンブランドであるディオールに代表されるものなのではないか。メゾン創立七〇周年という記念すべき年に、初の女性デザイナーとして作品を発表したキウリの中には、今の時代にメゾンブランドができることは何か、存在意義は何か。そしてかつ、メゾンブランドが存続する方法は何かという問いが存在したのではないか。そこを考えた時に彼女はスローガンTシャツという古典的な手法にたどり着いたのではないか。ディオールはステラ・マッカートニー(10)のようにエシカルファッションを提唱しているブランドではない。エコレザーを使用したり、ファーを排除しているわけではない。今までのディオールが提案したファッションにエシカルという側面は見受けられなかった。だからこそ、キウリはエシカルファッションよりもいっそうダイレクトに政治的なメッセージを伝える「スローガンTシャツ」をメゾンディオールに融合させるという、古くて新しい手段に出たのではないか。

２０１８春夏コレクションでも、キウリは新しいテーマとスローガンTシャツで、女性をエンパワーメントするメッセージを送り続けている。ディオール２０１８春夏コレクションのショーは、“WHY HAVE THERE BEEN NO GREAT WOMEN ARTISTS?”（なぜ偉大な女性アーティストが存在しなかったのか？）と書かれた白と黒のストライプのTシャツを着たモデルが歩くことで幕を開けた。このステートメントも、前回同様、キウリ自身の言葉ではない。フェミニズムの視点を持つことで知られる女性美術史家のリンダ・ノックリンが一九七一年に書いた論文のタイトルから引用されたものである。[11] その論文は、フェミニストの美術史を研究したものであり、美術界では「男性」の視点が優先される傾向にあり、優れた女性アーティストが多数いたにもかかわらず、平等に評価されず埋もれていったことを指摘している。同じくトップはいまだに男性が支配しているファッション業界において、ディオール初の女性クリエイティブ・ディレクターという重責を担うキウリにとっては、まさに引用するに相応しいステートメントなのだ。スローガンTシャツだけでなく、2018春夏コレクションすべてが、ノックリンのフェミニズム理論にインスパイアされたものであった。「美術界、そしてファッション界で、伝統的には男性のこととして語られてきた型を打ち破る、男性とは異なる固有のアーティストに対して、正当な評価を与えることが必要だ[12]」と、キウリは述べている。

「WE SHOULD ALL BE FEMINISTS」に次ぐ新たなスローガンTシャツを発表したことで、ディオールはラグジュアリーでありながらも、「声をあげる」ブランドになったことを印象づけた。キウリの戦略は成功したのだ。つまり、ラグジュアリーが敬遠される「くらし」の時代においても、存在価値のあるブランドであることを印象づけたのだ。たとえ、それがデザイン的にはありふれた、ごくシンプルかつミニマムなTシャツであったとしても。

「わたしたちはみなフェミニストであるべき」――七九〇〇〇円のTシャツを着ていても、七九

○円のTシャツを着ていても。ディオールを選ぶのか、GUを選ぶのかはあなたの自由だけれど、いずれにせよ「正しさ」をアピールすることを忘れてはいけない。たとえ、リアルレザーやファーを纏っていても。服はもう流行《ファッション》ではない。私たちが着ているのは流行《ファッション》ではなく、「ステートメント」なのだ。私たちは言葉を身に纏っているのだ。「正しさ」を身に纏っているのだ。それが、「くらし」の時代における服を着ることの意味であり、「答え」なのではないだろうか。

注

（1）日本版が休刊になった著名な女性誌としては『COSMOPOLITAN』や『marie claire』などがある。『COSMOPOLITAN』は、一〇年の休刊期間を経て二〇一七年にウェブ上で「オンラインメディア」として復活した。

（2）http://www.huffingtonpost.jp/2017/06/23/gu-dior-slogan-tshirt_n_17266564.html　二〇一七年一一月七日最終アクセス。

（3）シャネルが自らを含めた働く女性のために、シンプルで動きやすいツイードのスーツやポケットがたくさんあり両手も自由になるショルダーバッグなどをデザインしたことはあまりにも有名である。

（4）一九九四年に公開されたロバート・アルトマン監督によるアメリカ映画。実際のパリコレを舞台に、デザイナーやカメラマン、モデルなどファッション業界の人物とそれを取材するマスコミの姿を軸に、スーパーモデル全盛時代の「プレタポルテ」、服を着ることを描いた作品である。

（5）一九八五年に立ち上げられた彼自身の名を冠したブランド「ジョン・ガリアーノ」では、中世ヨーロッパを思わせる幻想的な雰囲気とニュースペーパー柄など現代的なデザインが融合された独自の世界を展開していた。ディオールでもシノワズリーなどの東洋趣味にキャミソールドレスを織り交ぜるといった新たなディオール像を創り上げ人気を得た。

(6) 一九九六年から一五年にわたってディオールを率いてきたガリアーノだが、パリのカフェで人種差別発言をしたことから、有罪判決を受け、ディオールのデザイナーを解任されることとなった。また、自身のブランド「ジョン・ガリアーノ」からも解任された。しかし、二〇一四年にはマルタン・マルジェラのクリエイティブ・ディレクターに就任し、ファッション業界に復帰している。

(7) ベルギー出身のデザイナーであるラフ・シモンズは、シンプルでミニマムなデザインを特徴とし、自身のブランドを発表するかたわら、二〇〇五年からジル・サンダーのクリエイティブ・ディレクターに就任していた。しかし、二〇一二年にディオールのデザイナーに抜擢されるかたちで、ジル・サンダーを退任した。シモンズが手掛けた初のコレクションのメイキングは、『ディオールと私』(二〇一五年)というドキュメンタリー映画にもなっている。彼が、メゾンの伝統と向き合いながら、自らのディオールを創り上げていくまでの葛藤が描かれている。

(8) 「コスメの時代」の詳細に関しては、拙著(米澤 2008)を参照されたい。

(9) 肌を美しく、目を大きく、唇を赤く、顔を小さくなど画像修正する「SNOW」のような「コスメアプリ」のおかげで、身体改造せずとも、一瞬にして理想の「私」が手に入る。

(10) ポール・マッカートニーの娘としても知られるステラ・マッカートニーは、菜食主義者であると同時に、自身のブランドでは決してレザーやファーといった動物由来の素材を使用しないことを貫いている。リアルレザー、リアルファー=高級という常識を覆し、フェイクレザーではなく「エコレザー」、ファーではなく「ファーフリーファー」を使用することによって、エシカルな高級《ハイ》ブランドとしての地位を不動のものにしている。

(11) リンダ・ノックリンは表題の論文のほか、『絵画の政治学』(一九九六年)などの著作において、女性の存在を看過してきた美術領域の制度批判を行った。研究者としては、ほかにもロジカ・パーカー、グリゼルダ・ポロック、アン・サザーランド・ハリスらがこの問題に取り組んでいる。彼女たちの活動は、女性/男性という性を超えて、美術史学という制度それ自体を揺るがす可能性を秘めている。

(12) http://harpersbazaar.jp/fashion/dior-feminist-t-shirt-spring-2018-1709 二〇一七年一一月七日最終アクセス。

あとがき

このような本を書いたものの、私自身はスニーカーもほとんど履かないし、ランニングは嫌いだ。グランピングにも行ったことがない。ブックカフェぐらいはたまに利用するが、たくさん本がある普通の本屋さんの方が好きだし、並び方は滅茶苦茶だが一応毎日、本と雑誌に囲まれて眠っているので、本屋さんに泊まりたいと思ったことはない。

ナチュラルな雰囲気が苦手なので、コットンやリネンの服はまず買わないし、ジョンマスターズオーガニックのシャンプーを使ったことは一応あるが、諸般の事情で長続きはしなかった。毎日の朝ごはんも時短ファーストで手抜きである。「ミセスオーガニックさん」への道はほど遠いと言えるだろう。

しかも相変わらずの洋服好きな着倒れ人生で、ショッピングの際に、ステラ・マッカートニーの服を見てなるほどとは思うものの、購買意欲をそそられたことはない。ディオールも、やっぱりガリアーノの時代がいちばんよかったんじゃないかと思っている不届き者である。たとえ「Life Wear」であっても「ユニクロでよくない?」とはどうしても思えない私は、やはりエシカルではないのだろう。「ていねいなくらし」をしているとは言いがたいのであろう。気づけば、まさにアウトオブファッションになってしまった。流行がないこの時代に、まだファッションを追い求めているなんて。未だ、ファッションとコスメの時代を行き来しているなんて。すっかり、世は「なんとなく、エシカル」な「くらし」の時代だというのに、たいしてものを考えずに消費に明け暮れているなんて。

今から約一〇年前に、『コスメの時代』という本を上梓した。ファッションで自己表現する一九八〇年代からコスメで自己プロデュースする時代への移り変わりを述べたものである。

その頃はちょうど雑誌『小悪魔アゲハ』が人気となり、若い女性を中心に「盛る」=デコる文化が花盛りだった。髪を高く盛り、つけまつげやカラコンでデカ目に盛り、胸の谷間をパッドで盛り、爪をラインストーンでデコることに夢中だった。まだスマホは普及しておらず、アプリで美肌やデカ目を手に入れることもなかった。

しかし、各種アプリで一瞬にして理想の「私」が作れる現在、ファッションやコスメを含めた「装い」から、女性たちの関心が遠のいている。恥ずかしかったユニバレやユニかぶりも「ユニクロでよくな」った。いや、ユニクロがよくなっている。

女子大生のファッションへの熱意も一〇年前に比べてかなり低下しているように思える。数多くの読者モデルを輩出し、古くはニュートラ、神戸エレガンスやかわ（いい）ゴー（ジャス）を誇ってきた我が甲南女子大学でも、近年は「くらし」の時代を反映して、スニーカーがキャンパスを席巻している。「ナンジョ」にももちろん、「ユニジョ」がいるだろう。かつて、この大学で毛皮禁止令が出たことを誰が想像できるだろうか。

私たちは、たった一〇年で『コスメの時代』からずいぶん遠いところへ来たようだ。本書のあちこちからその想いを感じ取っていただければ幸いである。

本書もまた、『コスメの時代』からのつきあいとなる松野菜穂子さんのお陰で、完成した。松野さんには、『「女子」の誕生』『女子のチカラ』と女子シリーズも世に出してもらった。いつも私の仕事を気にかけ、形になるまで叱咤激励してくれる松野さんには感謝の言葉しかない。本を上梓するごとに、さまざまな出逢いがあり、世界が広がっていった。それが、私の人生である。松野さんはもちろん、甲南女子大学にも出逢えたし、『コスメの時代』のお蔭で、本書にご登場いただいた松岡正剛さんにも出逢えたのである。『「くらし」の時代』を出すことで今度は何が起こるだろうか。どんな出逢いがあるだろうか。むろん、それは神のみぞ知る、である。

二〇一七年霜月

米澤　泉

索　引

あ　行

か　行

さ 行

た 行

な 行

は 行

ま　行

や　行

ら　行

わ　行

アルファベット

参考文献

阿部真大，2013，『地方にこもる若者たち——都会と田舎の間に出現した新しい社会』朝日新書

Adichie, Chimamanda Ngozi, 2014, *We Should All Be Feminists*, Anchor. ＝（2017，くぼたのぞみ訳『男も女もみんなフェミニストでなきゃ』河出書房新社

秋山邦晴，2016，『エリック・サティ覚え書』青土社

浅田彰，1983，『構造と力』勁草書房

浅田彰，2000，「J 回帰の行方」『Voice』2000 年 3 月号，PHP 研究所

Cline, L. Elizabeth, 2012, *Overdressed:The Shockingly High Cost of Cheap Fashion*, Portfolio. ＝（2013，鈴木素子訳『ファストファッション——クローゼットの中の憂鬱』春秋社）

Carriére, Jean-Claude and Eco, Umberto, 2009, *N'espérez pas vous débarrasser des livres*, Grasset & Fasquelle. ＝（2010，工藤妙子訳『もうすぐ絶滅するという紙の書物について』，阪急コミュニケーションズ）

藤沢優月，2003，『夢をかなえる人の手帳術』ディスカヴァー・トゥエンティワン

福田栄華，2017，『クローゼットにはワンピースが 10 着あればいい』光文社

入江敦彦，2007，「人は見かけが百パーセント」中野香織『モードの方程式』新潮文庫

伊藤公夫，1999，「スポーツとジェンダー」井上俊・亀山佳明編『スポーツ文化を学ぶ人のために』世界思想社

地曳いく子，2015，『服を買うなら、捨てなさい』宝島社

唐澤平吉，1997，『花森安治の編集室』晶文社

河原和枝，1999，「スポーツ・ヒロイン」井上俊・亀山佳明編『スポーツ文化を学ぶ人のために』世界思想社

河原和枝，2005，『日常からの文化社会学――私らしさの神話』世界思想社
講談社『FRAU』編集部，2008，『走る女は美しい』講談社
近藤麻理恵，2010，『人生がときめく片付けの魔法』サンマーク出版
工藤雅人，2017，「ファストファッション――ファッションの自由がもたらす功罪」藤田結子・成実弘至・辻泉編『ファッションで社会学する』有斐閣
轡田竜蔵，2017，『地方暮らしの幸福と若者』勁草書房
牧野智和，2015，『日常に侵入する自己啓発――生き方・手帳術・片づけ』勁草書房
増田明子，2016，『無印良品 MUJI 式――世界で愛されるマーケティング』日経 BP 社
増田宗昭，2014，『知的資本論――すべての企業がデザイナー集団になる未来』CCC メディアハウス
松岡正剛，2006，『松岡正剛　千夜千冊』求龍堂
松岡正剛，2010，『松岡正剛の書棚――松丸本舗の挑戦』中央公論新社
松岡正剛，2012，『松丸本舗主義――奇跡の本屋、3 年間の挑戦。』青幻舎
松浦弥太郎，2012，『100 の基本　松浦弥太郎のベーシックノート』マガジンハウス
松浦弥太郎，2013a，『いつもの毎日。――衣食住と仕事』集英社文庫
松浦弥太郎，2013b，『日々の 100』集英社文庫
松浦弥太郎，2015，『男の一流品カタログ』マガジンハウス
松浦弥太郎，2016，『しごとのきほん、くらしのきほん 100』マガジンハウス
松浦弥太郎，2017a，『「自分らしさ」はいらない――暮らしと仕事，成功のレッスン』講談社
松浦弥太郎，2017b，『自分で考えて生きよう』中央公論新社
松浦弥太郎，2017c，『日めくり弥太郎　日日のきほん』マガジンハウス
松浦弥太郎，2017d，『おとなのきほん――自分の殻を破る方法』PHP 研究所

松浦弥太郎・野尻哲也，2017，『はたらくきほん――毎日がスタートアップ』マガジンハウス
南田勝也，2004，「いま，野外ロックフェスに集まる人々――音楽ライブにおける聴取スタイル夫変容」『AURA』フジテレビ編成制作局調査部
南谷えり子，2004，『ザ・スタディ・オブ・コム デ ギャルソン』リトルモア
三浦展，2016，『毎日同じ服を着るのがおしゃれな時代』光文社新書
リンダ・ノックリン，1996，『絵画の政治学――フェミニズム・アート』彩樹社
村上春樹，2010，『走ることについて語るときに僕の語ること』文春文庫
永田夏来，2017，「越境する夏フェス女子――音楽とインターネットをめぐるインテグラルなアクション」吉光正絵・池田太臣・西原麻里編著『ポスト〈カワイイ〉の文化社会学』ミネルヴァ書房
中沢明子・古市憲寿，2011，『遠足型消費の時代』朝日新書
ナンシー関，1997，『信仰の現場――すっとこどっこいにヨロシク』角川文庫
成実弘至編，2001，『問いかけるファッション―身体，イメージ，日本』せりか書房
日本聖書協会訳，1981，『聖書』日本聖書協会
野宮真貴，2017，『おしゃれはほどほどでいい』幻冬舎
Ray, Paul H. and Anderson, Sherry Ruth, 2000, *The Cultural Creatives: How 50 Million People Are Changing the World*, Harmony
Rochell, Hannah, 2014, *En Brogue:Love Fashion. Love Shoes. Hate Heels: A Girl's Guide to Flat Shoes and How to Wear them with Style*, Hodder&Stoughton=（2015，mucco 訳『フラットシューズ宣言』プレジデント社）
酒井寛，1988，『花森安治の仕事』朝日新聞社
佐々木敦，2014，『ニッポンの音楽』講談社現代新書
Satie, Erik, *Léger comme un œuf* =（2014，秋山邦晴・岩佐鉄男編訳

『卵のように軽やかに―サティによるサティ』ちくま学芸文庫）
Scott, Jennifer L, 2012, *Lessons from MADAME CHIC: 20 Stylish Secrets I Learned While I Living in Paris*, Simon & Schuster=(2014，神崎朗子訳『フランス人は10着しか服を持たない』大和書房）
菅付雅信，2015，『物欲なき世界』平凡社
田所太郎，1976，『戦後出版の系譜』日本エディタースクール出版部
滝沢直巳，2014，『1億人のデザイン』日本経済新聞出版社
田中優子，2012，「狂気と快楽の松丸本舗」松岡正剛『松丸本舗主義――奇跡の本屋，3年間の挑戦。』青幻舎
田中康夫，2013，『なんとなく，クリスタル』河出文庫
田中康夫，2014，『33年後のなんとなく，クリスタル』河出書房新社
谷川直子，2016，「【ファッション】あらゆるアイテムが出尽くした至福の時代」斉藤美奈子・成田龍一編『1980年代』河出ブックス
内沼晋太郎，2012，「『本の虫』のための本棚」松岡正剛『松丸本舗主義――奇跡の本屋，3年間の挑戦。』青幻舎
津野海太郎，2013，『花森安治伝――日本の暮しをかえた男』新潮社
上野千鶴子，1992，『増補〈私〉探しゲーム』ちくま学芸文庫
烏賀陽弘道，2005，『Jポップとは何か――巨大化する音楽産業』岩波新書
烏賀陽弘道，2017，『「Jポップ」は死んだ』扶桑社新書
山田登世子，2000，『ブランドの世紀』マガジンハウス
山口智洋，1996，『オーガニック食品』日経BP社
やましたひでこ，2009，『新・片付け術「断捨離」』マガジンハウス
山崎まどか，2014，『オリーブ少女ライフ』河出書房新社
米澤泉，2008，『コスメの時代――「私遊び」の現代文化論』勁草書房
吉本隆明，2012，『重層的な非決定へ』大和書房
鷲田清一，2012，『ひとはなぜ服を着るのか』ちくま文庫
渡辺明日香，2016，『東京ファッションコロニクル』青幻舎
渡辺龍也，2010，『フェアトレード学――私たちが創る新経済秩序』新評論

雑誌

『考える人』2011 年秋号，2011，新潮社
『暮しの手帖 別冊「暮しの手帖」初代編集長 花森安治』，2017，暮しの手帖社
『ユリイカ』1 月臨時増刊号，2016，青土社

『an・an』マガジンハウス
『and GIRL』エムオンエンタテインメント
『&プレミアム』マガジンハウス
『ブルータス』マガジンハウス
『CLASSY』光文社
『クロワッサン』マガジンハウス
『FRAU』講談社
『Glamp』講談社
『Hot-Dog-PRESS』講談社
『JJ』光文社
『クウネル』マガジンハウス
『暮しの手帖』暮らしの手帖社
『Olive』マガジンハウス
『POPEYE』マガジンハウス
『REAL SIMPLE JAPAN』日経 BP 社
『ソトコト』木楽社
『STORY』光文社
『VERY』光文社
『ウィメンズヘルス』ハースト婦人画報社

著者略歴

1970 年　京都市生まれ
　　　　大阪大学大学院言語文化研究科博士後期課程単位取得退学
現　在　甲南女子大学人間科学部准教授
主　著　『女子のチカラ』（勁草書房，2015）
　　　　『「女子」の誕生』（勁草書房，2014）
　　　　『私に萌える女たち』（講談社，2010）
　　　　『コスメの時代――「私遊び」の現代文化論』（勁草書房，2008）
　　　　『電車の中で化粧する女たち――コスメフリークという「オタク」』（KKベストセラーズ，2006）

「くらし」の時代
ファッションからライフスタイルへ

2018年 2 月15日　第 1 版第 1 刷発行
2019年 2 月10日　第 1 版第 2 刷発行

著　者　米《よね》　澤《ざわ》　泉《いずみ》

発行者　井　村　寿　人

発行所　株式会社　勁《けい》　草《そう》　書　房

112-0005　東京都文京区水道2-1-1　振替　00150-2-175253
（編集）電話 03-3815-5277／FAX 03-3814-6968
（営業）電話 03-3814-6861／FAX 03-3814-6854
平文社・松岳社

ISBN978-4-326-65413-0　Printed in Japan

＊落丁本・乱丁本はお取替いたします。
http://www.keisoshobo.co.jp

米澤　泉　女子のチカラ　四六判　二四〇〇円

米澤　泉　「女子」の誕生　四六判　二六〇〇円

米澤　泉　コスメの時代　「私遊び」の現代文化論　四六判　二一〇〇円

牧野　智和　日常に侵入する自己啓発　生き方・手帳術・片づけ　四六判　二九〇〇円

牧野　智和　自己啓発の時代　「自己」の文化社会学的探究　四六判　二九〇〇円

宮台　真司　辻　泉　岡井　崇之　編　「男らしさ」の快楽　ポピュラー文化からみたその実態　四六判　二八〇〇円

轡田　竜蔵　地方暮らしの幸福と若者　四六判　三六〇〇円

上野千鶴子　編　脱アイデンティティ　四六判　二五〇〇円

千田　有紀　日本型近代家族　どこから来てどこへ行くのか　四六判　二六〇〇円

＊表示価格は二〇一九年二月現在。消費税は含まれておりません。